2 Segments et points

Je découvre

2 Dans les questions qui suivent, pour écrire « le segment d'extrémités B et E », on écrit : [BE].
Réponds aux questions ci-dessous. Si tu n'es pas sûr(e), tu peux tracer les segments.

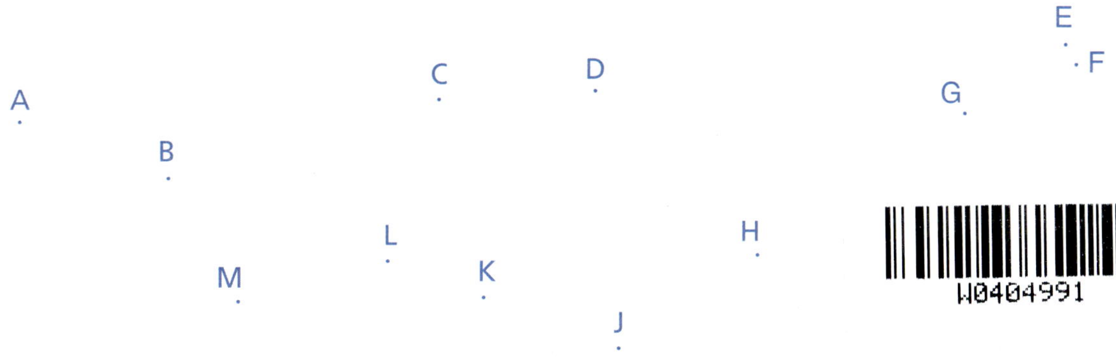

a. *Le point B est-il situé sur [AC] ?* ....

b. *Le point D est-il situé sur [CF] ?* ....

c. *Le point A est-il situé sur [BJ] ?* ....

d. *Le point K est-il situé sur [BJ] ?* ....

e. *Le point G est-il situé sur [HF] ?* ....

f. *Le point G est-il situé sur [GH] ?* ....

g. *Quels sont les points déjà tracés qui appartiennent à [AJ] ?* ....

5 Je deviens performant

D Compare les longueurs. Réponds avec les signes >, < ou =.

294 mm ... 3 dm

2 dm ... 19 cm

85 dm ... 850 mm

24 cm ... 240 mm

630 mm ... 6 dm 3 cm

40 cm ... 390 mm

6 Dizaines, centaines, milliers : un matériel de numération

Je découvre

4 Pour chaque collection de cubes, écris le nombre total.

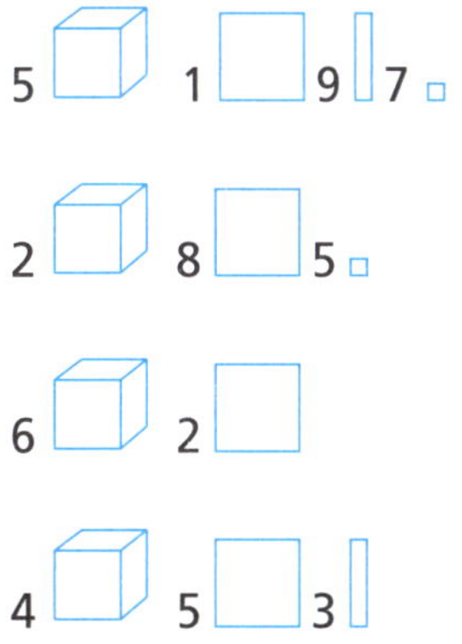

c'est ....

c'est ....

c'est ....

c'est ....

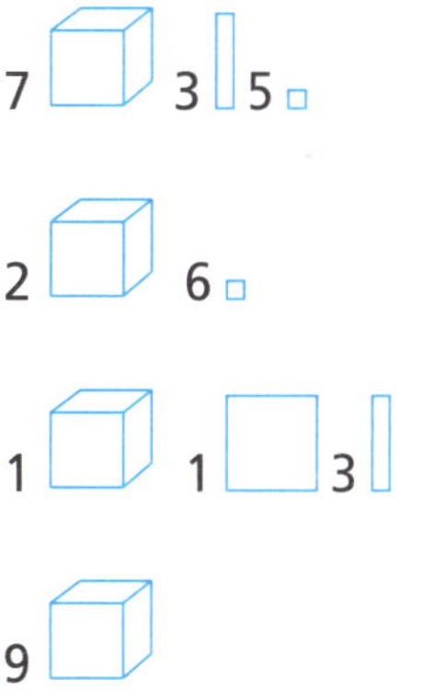

c'est ....

c'est ....

c'est ....

c'est ....

6 Dizaines, centaines, milliers : un matériel de numération (suite)

Je découvre

5 Imagine la collection réorganisée, dessine-la et écris la multiplication.

Combien y a-t-il d'unités dans 21 groupes de 10 ?

21 ▯, c'est .... □ .... ▯. C'est aussi .... ▫. 21 × 10 = ...

Combien y a-t-il d'unités dans 54 groupes de 10 ?

54 ▯, c'est .... C'est aussi .... ▫. .... × .... = ...

Combien y a-t-il d'unités dans 91 groupes de 10 ?

91 ▯, c'est .... C'est aussi .... ▫. .... × .... = ...

Combien y a-t-il d'unités dans 17 groupes de 100 ?

17 □, c'est .... ❒ .... □. C'est aussi .... ▫. 17 × 100 = ...

Combien y a-t-il d'unités dans 42 groupes de 100 ?

42 □, c'est .... C'est aussi .... ▫. .... × .... = ...

Combien y a-t-il d'unités dans 85 groupes de 100 ?

85 □, c'est .... C'est aussi .... ▫. .... × .... = ...

9 Je deviens performant

Combien y a-t-il d'unités dans 73 groupes de 10 ?

73 ▯, c'est .... C'est aussi .... ▫. .... × .... = ...

Combien y a-t-il d'unités dans 68 groupes de 100 ?

68 □, c'est .... C'est aussi .... ▫. .... × .... = ...

Combien y a-t-il d'unités dans 94 groupes de 100 ?

94 □, c'est .... C'est aussi .... ▫. .... × .... = ...

10 Je deviens performant

D Compare les longueurs. Réponds avec les signes >, < ou =.

5 900 mm	...	6 m	28 dm	...	280 cm	5 m	...	490 cm
7 300 mm	...	7 m 3 dm	34 dm	...	3 000 mm	6 m 8 dm	...	680 mm

12 13 Numération décimale : 430 = 43 × 10 ; 2 700 = 27 × 100 ; etc.

Je découvre

3 Pour chaque nombre, écris les deux égalités, comme dans l'exemple.

247 = (2 × 100) + (4 × 10) + 7
247 = (24 × 10) + 7

569 = ...
569 = ...

381 = ...
381 = ...

700 = ...
700 = ...

460 = ...
460 = ...

893 = ...
893 = ...

6 Pour chaque mesure de longueur, écris les deux égalités, comme dans l'exemple.

351 mm = 3 dm 5 cm 1 mm
351 mm = 35 cm 1 mm

730 mm = ...
730 mm = ...

408 mm = ...
408 mm = ...

805 mm = ...
805 mm = ...

624 mm = ...
624 mm = ...

999 mm = ...
999 mm = ...

8 Pour chaque nombre, écris les trois égalités, comme dans l'exemple.

3 295 = (3 × 1000) + (2 × 100) + (9 × 10) + 5
3 295 = (32 × 100) + (9 × 10) + 5
3 295 = (329 × 10) + 5

4 028 = ...
4 028 = ...
4 028 = ...

6 250 = ...
6 250 = ...
6 250 = ...

8 509 = ...
8 509 = ...
8 509 = ...

10 Pour chaque mesure de longueur, écris les trois égalités.

2 783 mm = ...m ....dm ....cm ....mm
2 783 mm = ...dm ....cm ....mm
2 783 mm = ...cm ....mm

4 630 mm = ...
4 630 mm = ...
4 630 mm = ...

6 209 mm = ...
6 209 mm = ...
6 209 mm = ...

8 007 mm = ...
8 007 mm = ...
8 007 mm = ...

14 Je deviens performant

B Compare les longueurs. Réponds avec les signes >, < ou =.

68 dm ... 7 m	199 cm ... 2 m	2 700 mm ... 2 m 70 cm
9 m 3 dm ... 93 dm	365 cm ... 37 dm	4 030 mm ... 4 m 3 cm

15 Droites et points

Je découvre

2 Dans les questions qui suivent, pour écrire « la droite BE », on écrit : (BE).
Réponds aux questions ci-dessous. Si tu n'es pas sûr(e), tu peux tracer les droites.

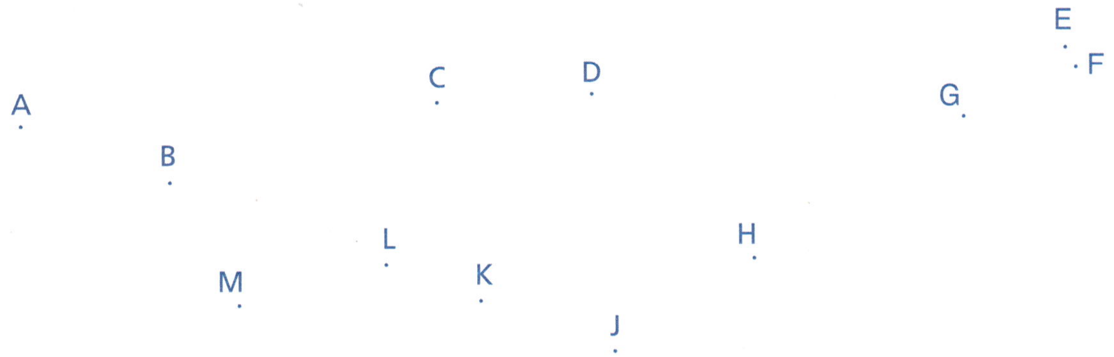

a. *Le point D est-il situé sur (AC) ?* ....

b. *Le point F est-il situé sur (MG) ?* ....

c. *Le point B est-il situé sur (AJ) ?* ....

d. *Le point C est-il situé sur (CF) ?* ....

e. *Quels sont les points déjà tracés qui sont sur (HG) ?* ....

f. *Que peux-tu dire de (AL) et (BK) ?*
....

g. (BK) et (HE) se coupent en un point qui est déjà tracé. *Lequel ?* ....

h. Trace (MG) puis (DJ).
Appelle N le point où elles se coupent.
Trace (BN).
Le point H est-il sur (BN) ? ....

Je deviens performant

D Compare les longueurs. Réponds avec les signes >, < ou =.

8 002 mm ... 8 m 2 mm	63 dm ... 630 cm	35 dm ... 3 600 mm
3 m 1 dm ... 310 cm	2 m 5 cm ... 2 500 mm	657 mm ... 60 cm

18 Je deviens performant

C Compare les longueurs. Réponds avec les signes >, < ou =.

4 895 mm ... 4 m 9 dm	7 m ... 690 cm	49 dm ... 5 m
48 m ... 500 dm	800 cm ... 8 m	980 mm ... 98 cm

22 Calcul réfléchi de soustractions

Je découvre

3 Sur cette file numérique, calcule 67 – 29 par retrait (en reculant).

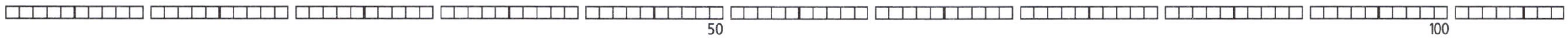

67 – 29 = ...

Sur cette autre file numérique, calcule 67 – 29 par complément (en avançant).

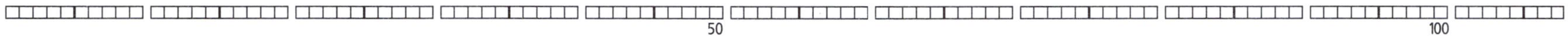

67 – 29 = ...

Quel calcul te parait le plus facile ? ....

Sur cette file numérique, calcule 74 – 6 par retrait (en reculant).

74 – 6 = ...

Sur cette autre file numérique, calcule 74 – 6 par complément (en avançant).

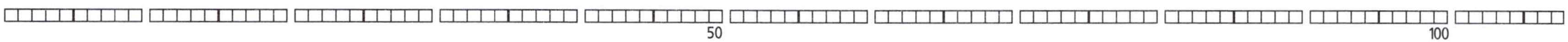

74 – 6 = ...

Quel calcul te parait le plus facile ? ....

Fais les calculs suivants.
Tu peux utiliser la file numérique pour imaginer les deux nombres
ou pour effectuer chaque soustraction (gomme après chaque calcul).

106 – 87 = ...	110 – 63 = ...	104 – 98 = ...	50 – 25 = ...	105 – 7 = ...
112 – 19 = ...	92 – 7 = ...	86 – 12 = ...	115 – 30 = ...	71 – 59 = ...
37 – 9 = ...	24 – 12 = ...	109 – 16 = ...	74 – 8 = ...	63 – 9 = ...

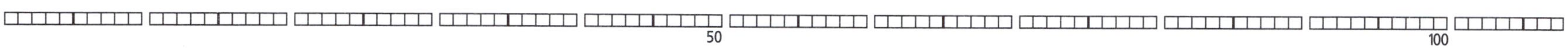

24 Vers la division : combien de fois ℓ dans L ?

Je découvre

1 a. *Combien de fois la longueur ℓ est-elle contenue dans la longueur L ? Dessine le segment qui reste.*

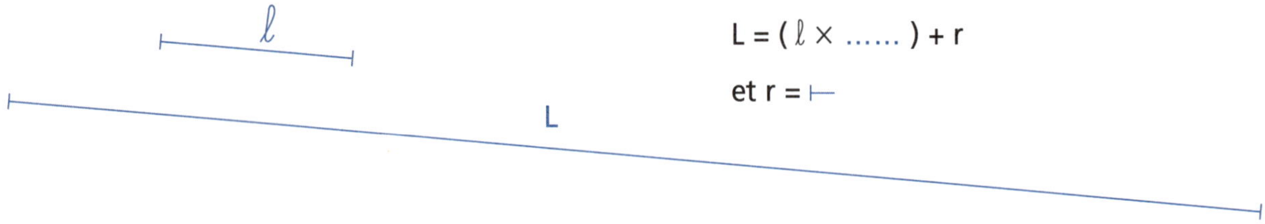

L = (ℓ × ......) + r

et r = ⊢

b. *Combien de fois la longueur ℓ est-elle contenue dans la longueur L ?*

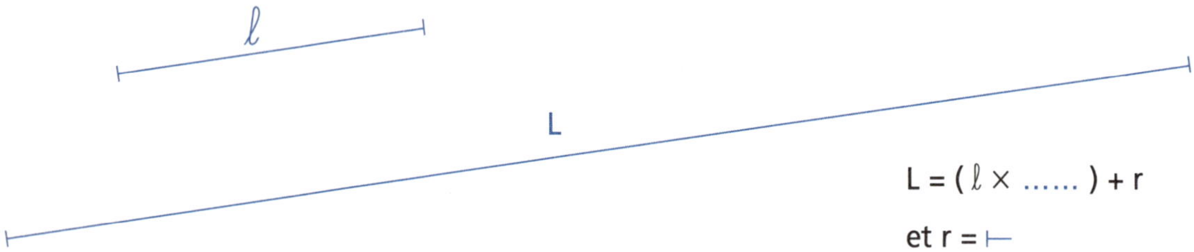

L = (ℓ × ......) + r

et r = ⊢

c. *Combien de fois la longueur ℓ est-elle contenue dans la longueur L ?*

L = ...

et r = ⊢

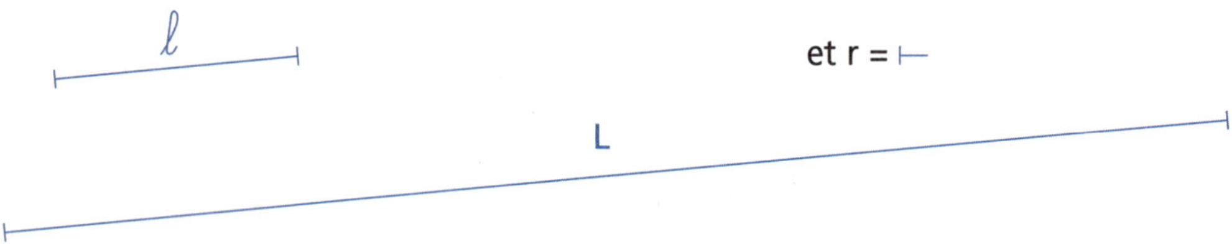

d. *Combien de fois la longueur ℓ est-elle contenue dans la longueur L ?*

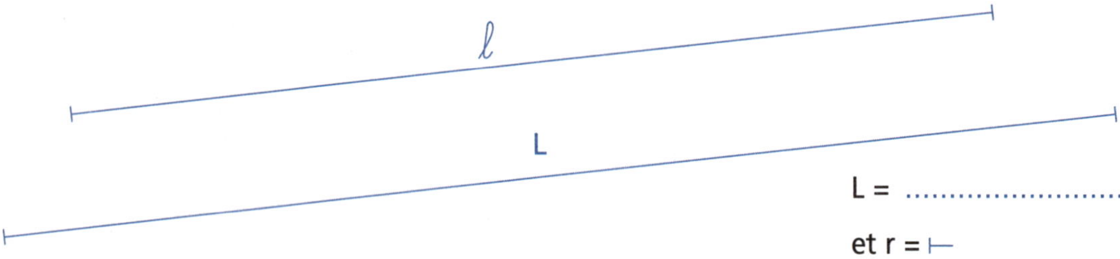

L = ...

et r = ⊢

e. *Combien de fois la longueur ℓ est-elle contenue dans la longueur L ?*

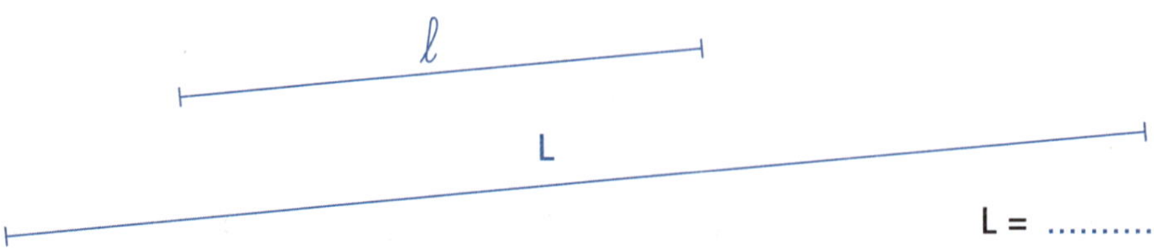

L = ...

et r = ⊢

27 Cercle, rayon et diamètre

Je découvre

2 Vérifie que les rayons des cercles de centre A, D et G sont d'égale longueur.

Quelle est cette longueur ? ....

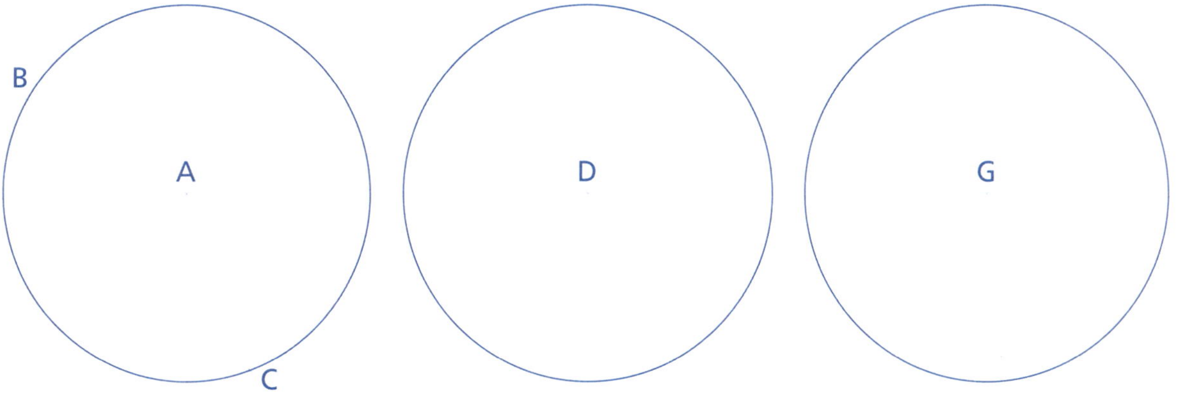

Trace [BC].
Quelle est sa longueur ?

....

Peut-on trouver deux points E et F sur le cercle de centre D tels que [EF] mesure 55 mm ?

....

Trace le plus long segment possible dont les extrémités sont sur le cercle de centre G.
Quelle est sa longueur ?

....

28 Je deviens performant

B a. On a commencé à reproduire cette figure en traçant (AD), mais on a changé son orientation. Continue la construction (tu peux utiliser ta règle et ton compas).

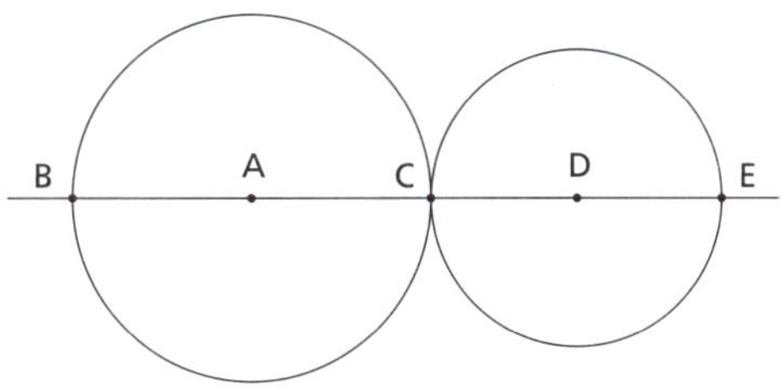

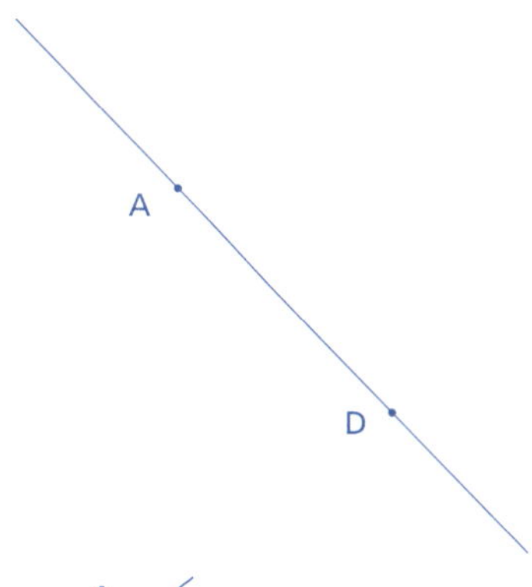

b. On a commencé à reproduire cette figure en traçant (OA), mais on a changé son orientation. Continue la construction.

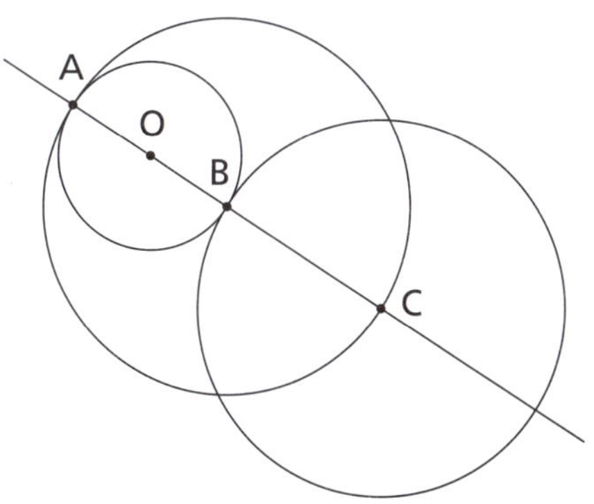

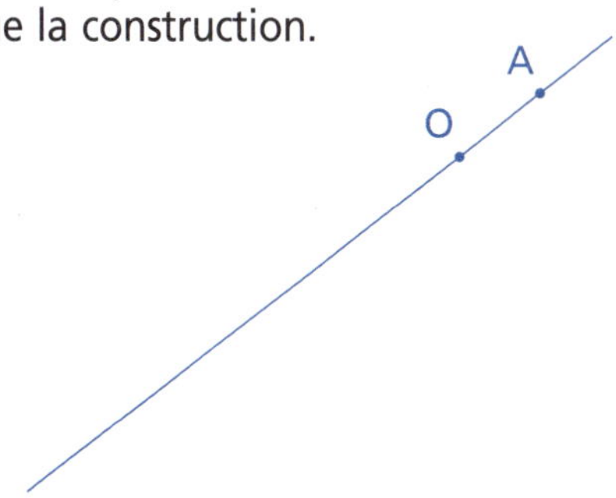

B *Combien de fois la longueur ℓ est-elle contenue dans la longueur L ? Dessine le segment qui reste.*

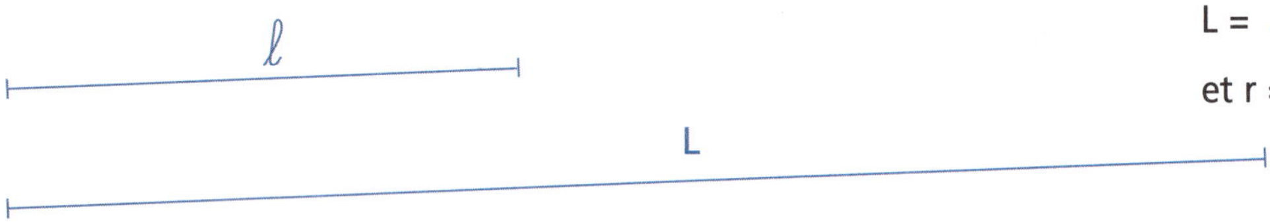

L = ...

et r = ⊢

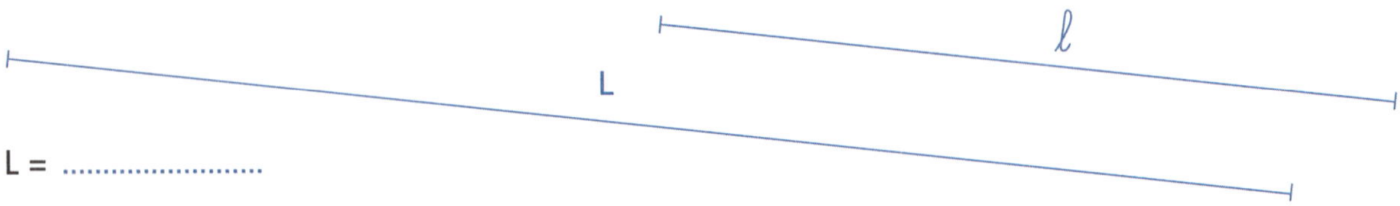

L = ...

et r =

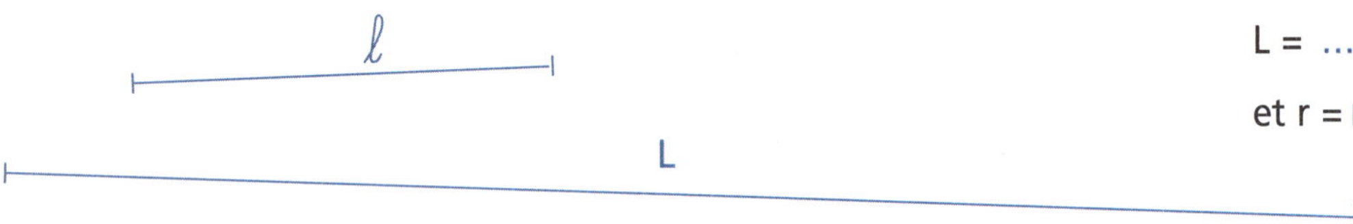

L = ...

et r = ⊢

30 Ajouter un même nombre ne change pas la différence

Je découvre

1 Marie a planté un sapin et Lucie un peuplier. De temps en temps, elles mesurent leur arbre en cm.

Complète ce tableau.

	Taille du sapin de Marie	Taille du peuplier de Lucie	Différence des tailles
Le jour de la plantation, les deux arbres mesurent…	134 cm	130 cm	....
À Noël, les deux arbres ont grandi chacun de 20 cm.	....	....	....
Au début des vacances, le sapin de Marie a grandi de 1 dm et le peuplier de Lucie a grandi de 10 cm.	....	....	....
À la rentrée de septembre, le sapin de Marie a grandi de 7 cm et le peuplier de Lucie a grandi de 10 cm.	....	....	....
Bien plus tard, les deux arbres ont encore grandi chacun de 100 cm.	....	....	....
Un jour, Marie dit : « Dans un an, mon sapin mesurera 10 dm de plus. » Lucie répond : « Dans un an, mon peuplier mesurera 1 m de plus ! »	....	....	....

36 La division-quotition (1)

Je découvre

1 a. Vérifie que L = 171 mm et ℓ = 25 mm.

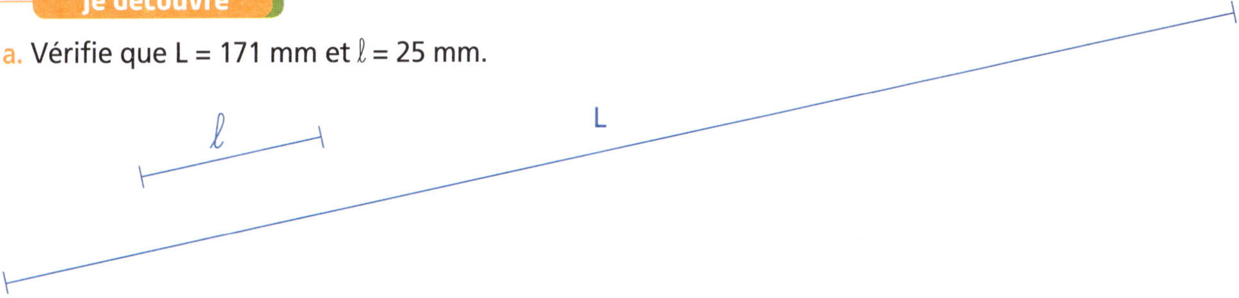

b. Cherche, sans utiliser le compas, le nombre de fois qu'il y a la longueur ℓ dans la longueur L.

c. Tu viens de calculer le quotient et le reste de *171 divisé par 25*, qu'on écrit **171 : 25 ?**.

Complète les égalités :

171 : 25 ? q = ... r = ... car 171 = (25 × ....) + ...

d. Vérifie le nombre de fois et le reste avec ton compas et ton double décimètre.

Calcul de la division de 161 par 50 **(161 : 50 ?)**

Vérifie que L = 161 mm et ℓ = 50 mm.

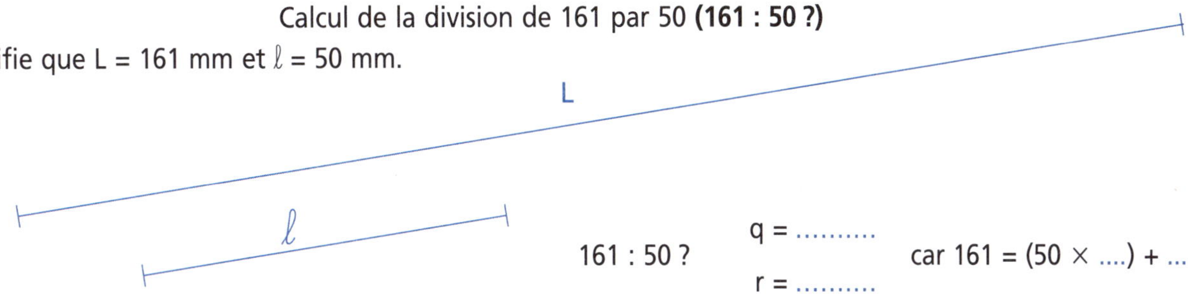

161 : 50 ? q = ... r = ... car 161 = (50 × ....) + ...

Contrôle avec ton compas et ton double décimètre.

Calcul de la division de 97 par 10 **(97 : 10 ?)**

Vérifie que L = 97 mm et ℓ = 10 mm.

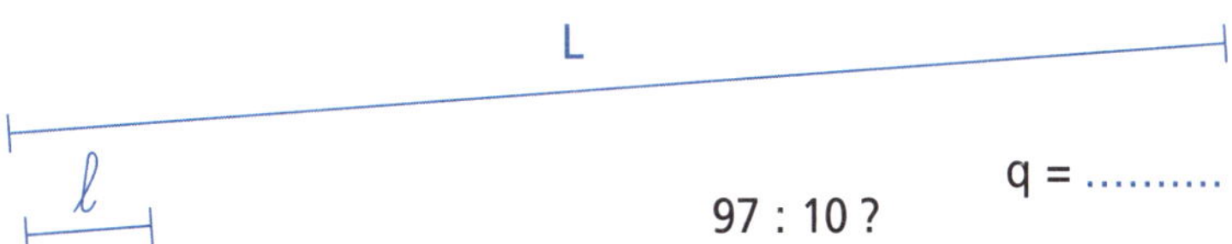

97 : 10 ? q = ... r = ... car ....

Contrôle avec ton compas et ton double décimètre.

Calcul de la division de 156 par 100 **(156 : 100 ?)**

Vérifie que L = 156 mm et ℓ = 100 mm.

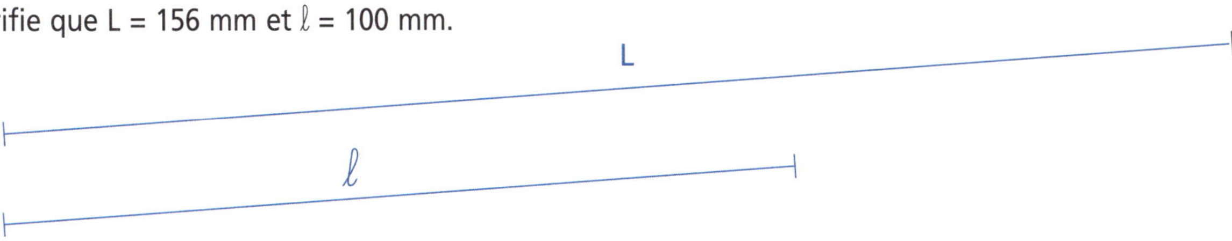

156 : 100 ? q = ... r = ... car ....

Contrôle avec ton compas et ton double décimètre.

41 Je deviens performant

B Exprime les mesures suivantes dans l'unité demandée.

5 hm = ... m	148 dm = ... mm	85 dal = ... l	6 kg = ... g
38 hl = ... l	17 dam = ... m	9 km = ... m	28 hm = ... m
51 hg = ... g	273 cm = ... mm	16 dag = ... g	9 m = ... mm

47 Vers la technique écrite de la division

Je découvre

2 Fais ces deux divisions comme Monsieur Cubus en dessinant les centaines, les dizaines et les unités.

912 : 4 ?

C D U .... C D U .... C D U .... C D U ....

a **Partage des centaines :**

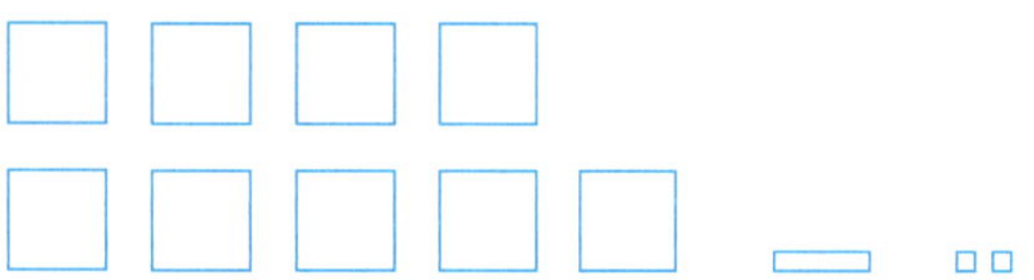

b **Partage des dizaines :**

c **Partage des unités :**

d **Expression du résultat :**

912 : 4 ? q = ... r = ... car ....

400 : 3 ?

C D U .... C D U .... C D U ....

a **Partage des centaines :**

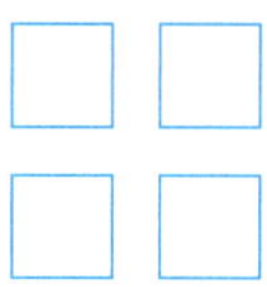

b **Partage des dizaines :**

c **Partage des unités :**

d **Expression du résultat :**

400 : 3 ? q = ... r = ... car ....

48 Numération : les nombres au-delà de 10 000 (2)

Je découvre

3 Pour chaque collection de cubes, écris le nombre total dans le tableau ci-dessous.

a.

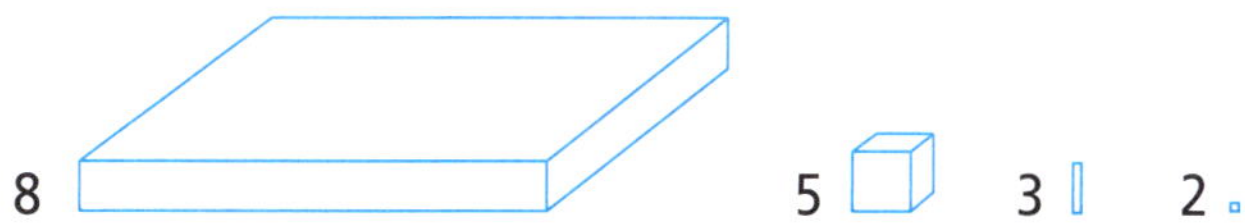

b.

c.

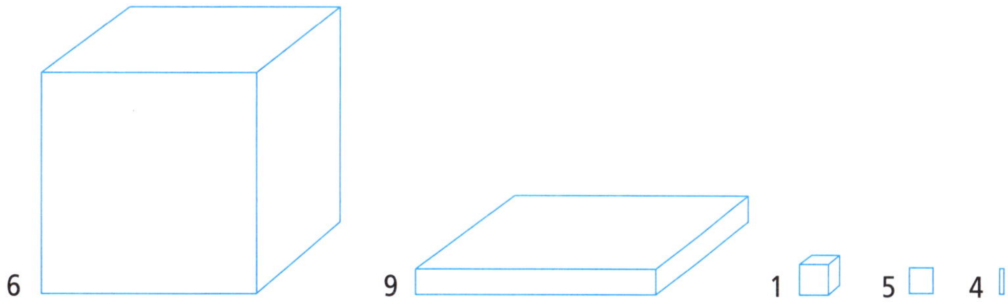

d.

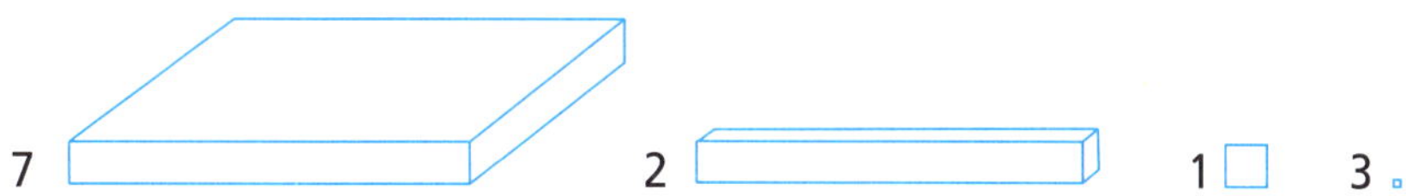

e.

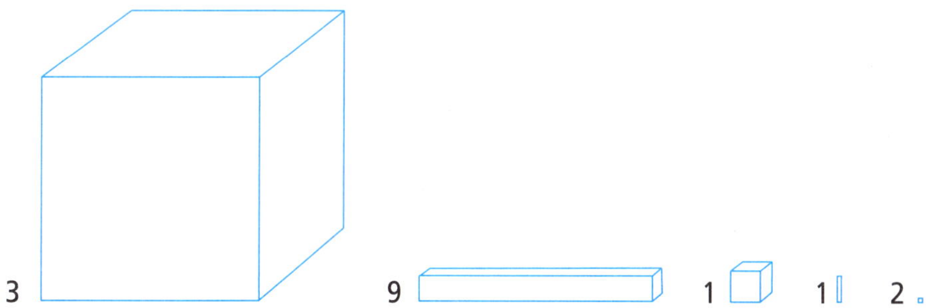

	millions			mille			unités simples		
	centaines de millions	dizaines de millions	unités de millions	centaines de mille	dizaines de mille	unités de mille	centaines	dizaines	unités
a.									
b.									
c.									
d.									
e.									

48 Numération : les nombres au-delà de 10 000 (2) (suite)

Je découvre

Tu vas apprendre à écrire les grands nombres, d'abord dans un tableau, puis en l'imaginant.

4 Dans le tableau ci-dessous, écris (en chiffres) les nombres suivants :

a. *Quatre-cent-treize-millions-cinq-cent-deux-mille-six-cent-quarante-sept.*
b. *Huit-cent-soixante-seize-mille-quatre-cents.*
c. *Trois-cent-sept-millions-cinquante-huit-mille-neuf.*
d. *Soixante-et-un-millions-sept-cent-mille-seize.*
e. *Six-cent-quatre-vingt-dix-neuf-millions-mille-deux.*

	millions			mille			unités simples		
	centaines de millions	dizaines de millions	unités de millions	centaines de mille	dizaines de mille	unités de mille	centaines	dizaines	unités
a.									
b.									
c.									
d.									
e.									

49 Les angles

Je découvre

3 Dans les polygones suivants, cherche les angles égaux à ceux de ton calque et colorie-les.

54 1 Commence par découper le long du pointillé.
Imagine que tu plies le long de la droite D et que l'encre noire ne soit pas sèche…

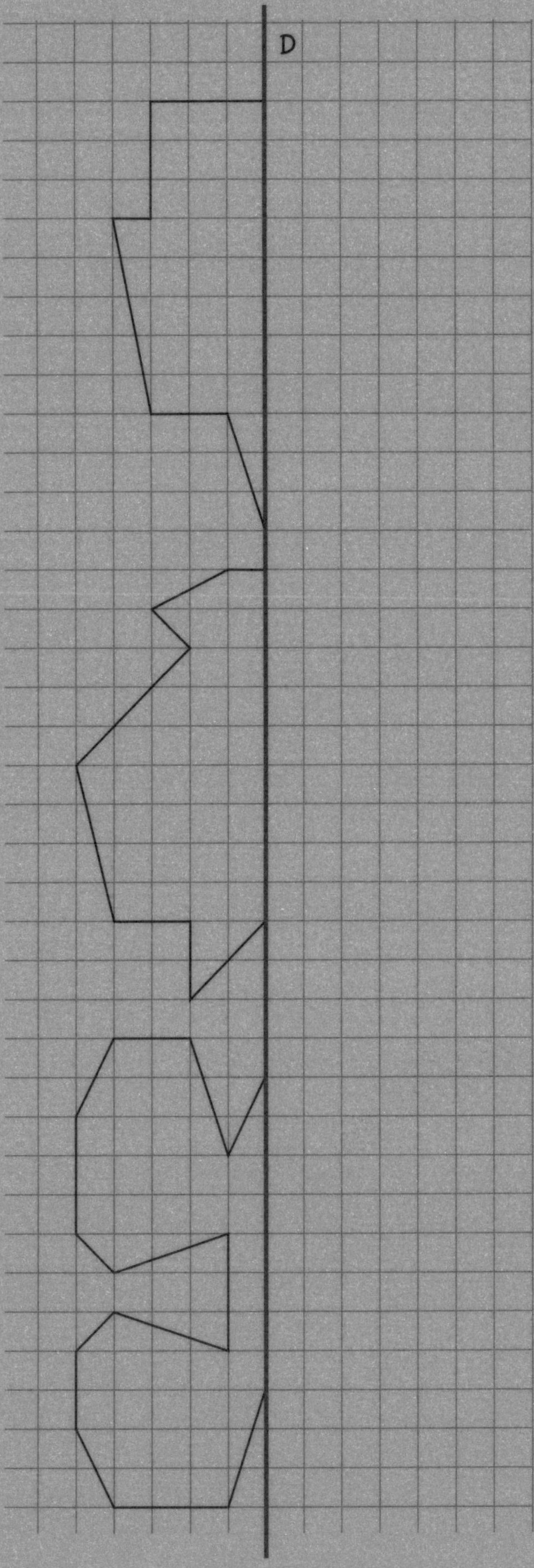

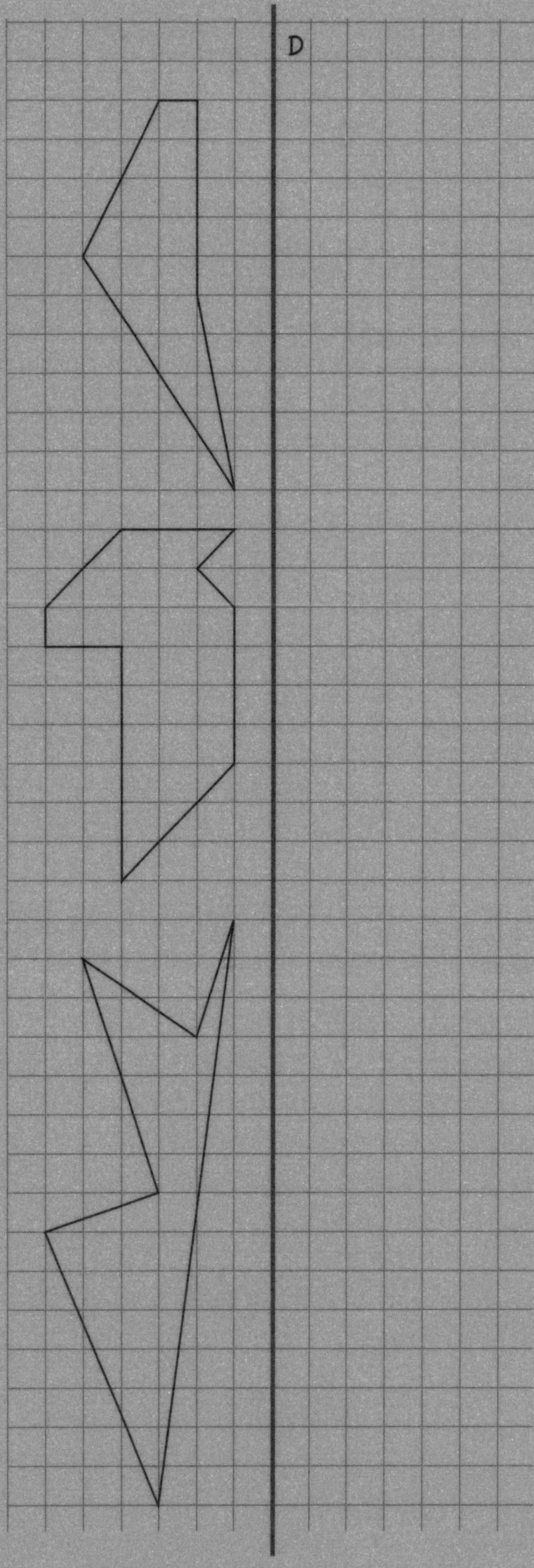

54

1 Commence par découper le long du pointillé.
Imagine que tu plies le long de la droite D et que l'encre noire ne soit pas sèche…

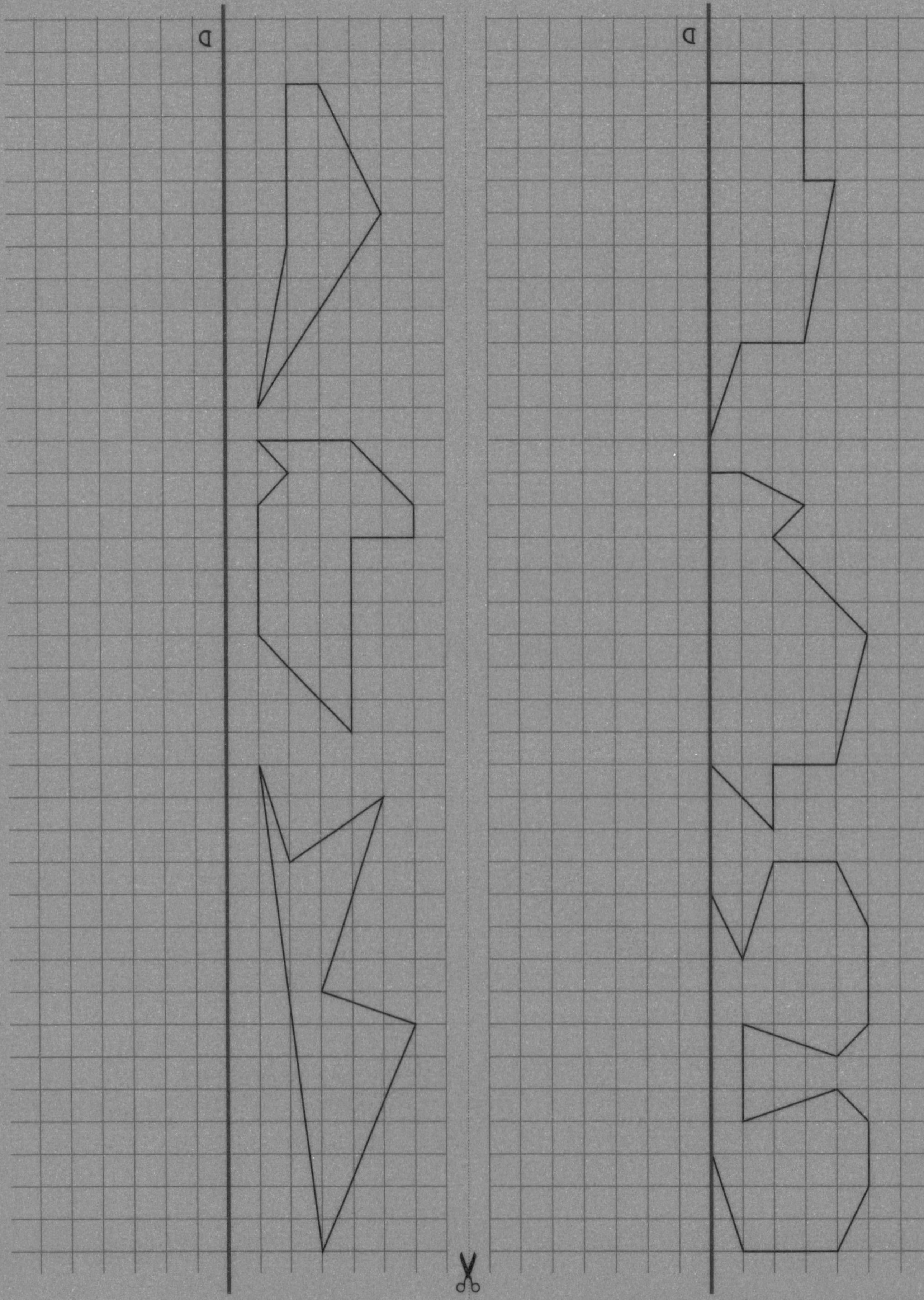

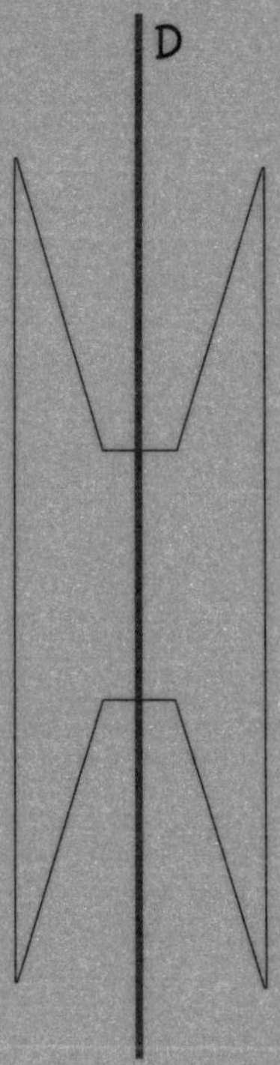

Oui *Non*

Oui *Non*

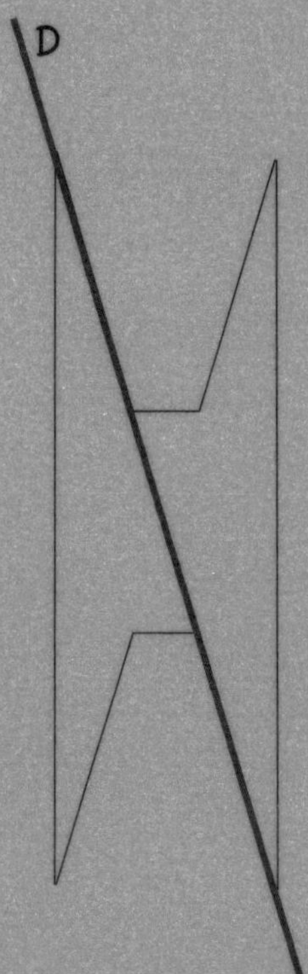

Oui *Non*

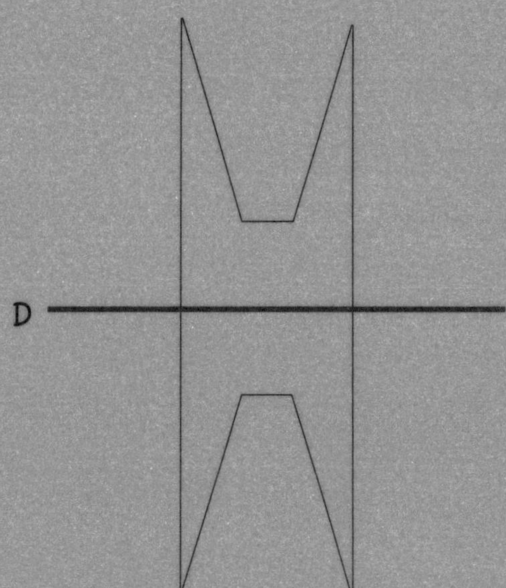

Oui *Non*

Oui Non

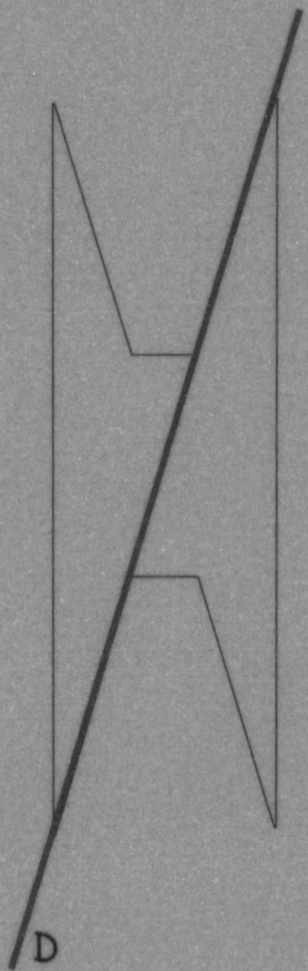

Oui Non

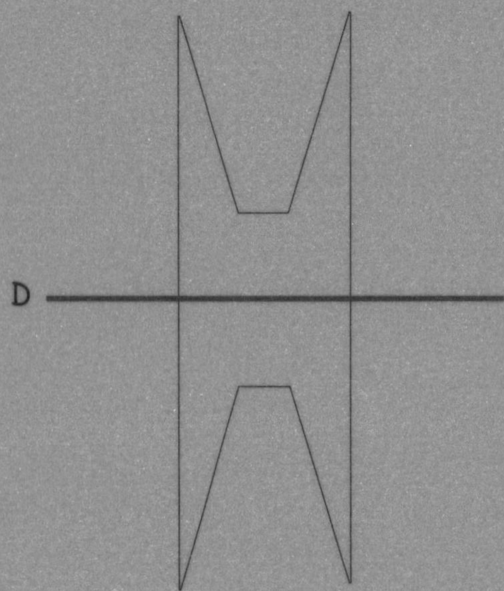

Oui Non

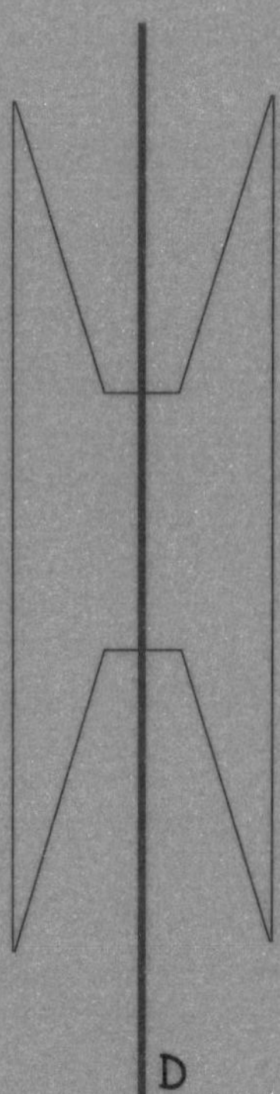

Oui Non

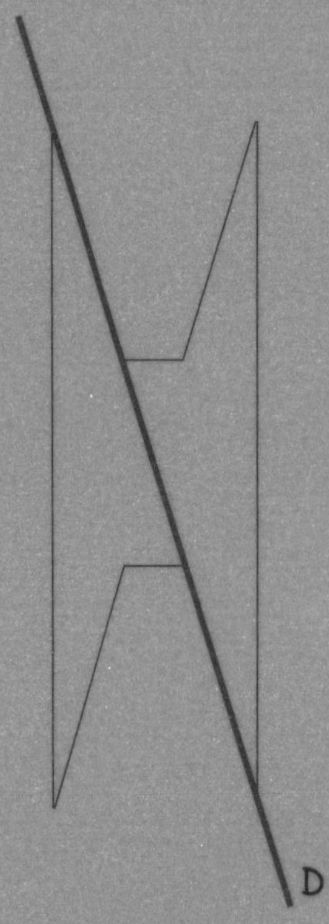

Gabarits d'angles utilisés dans les séquences 60 et suivantes.

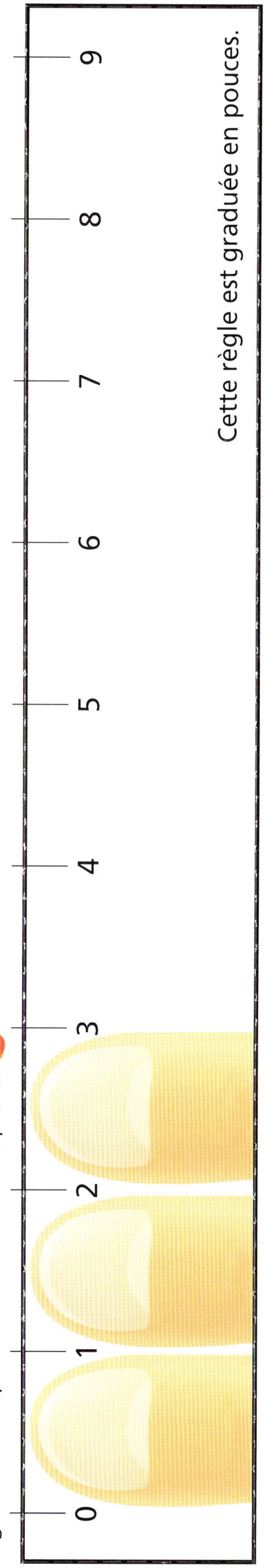

Règle utilisée la première fois dans la séquence 3.

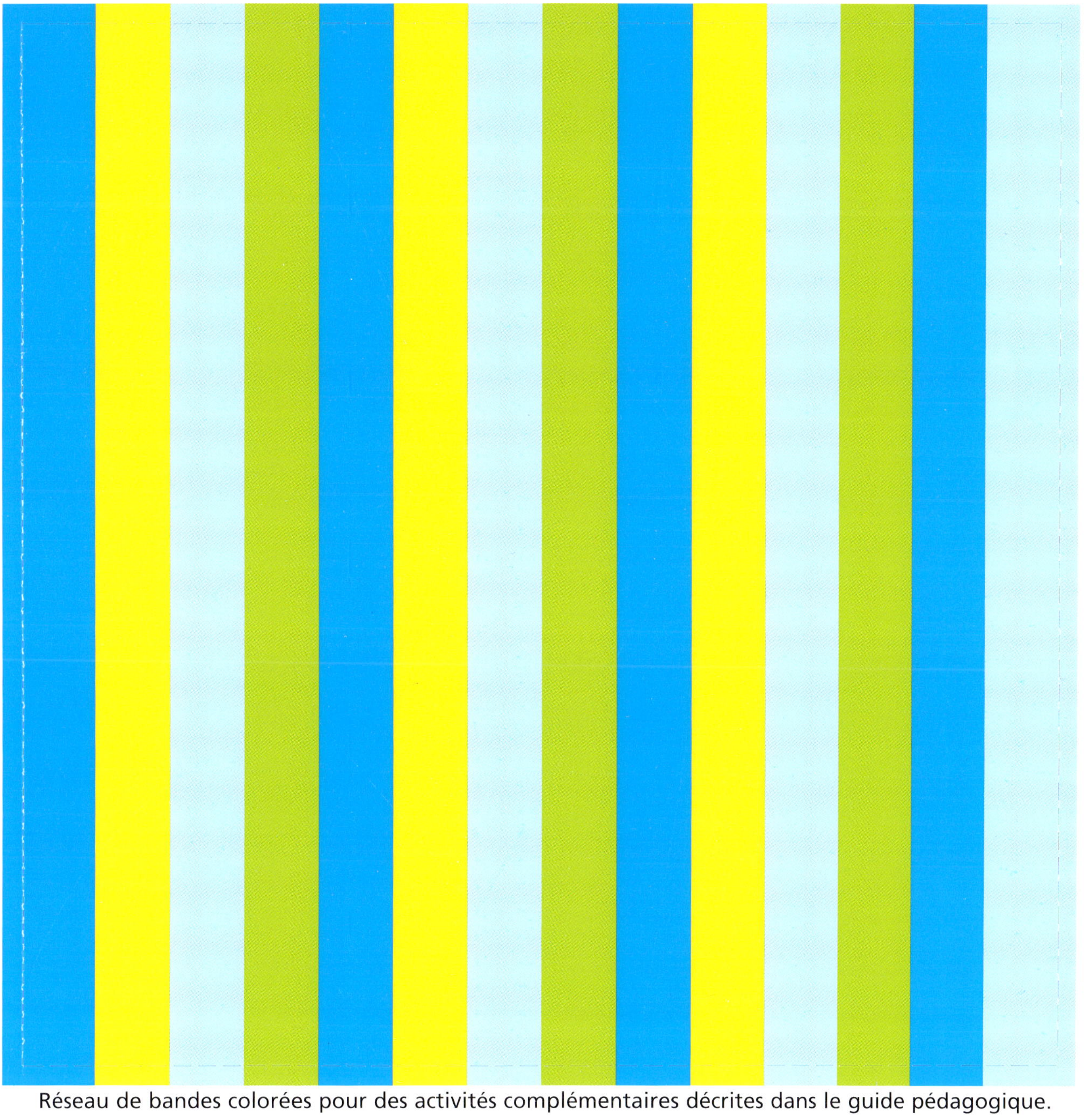

Réseau de bandes colorées pour des activités complémentaires décrites dans le guide pédagogique.

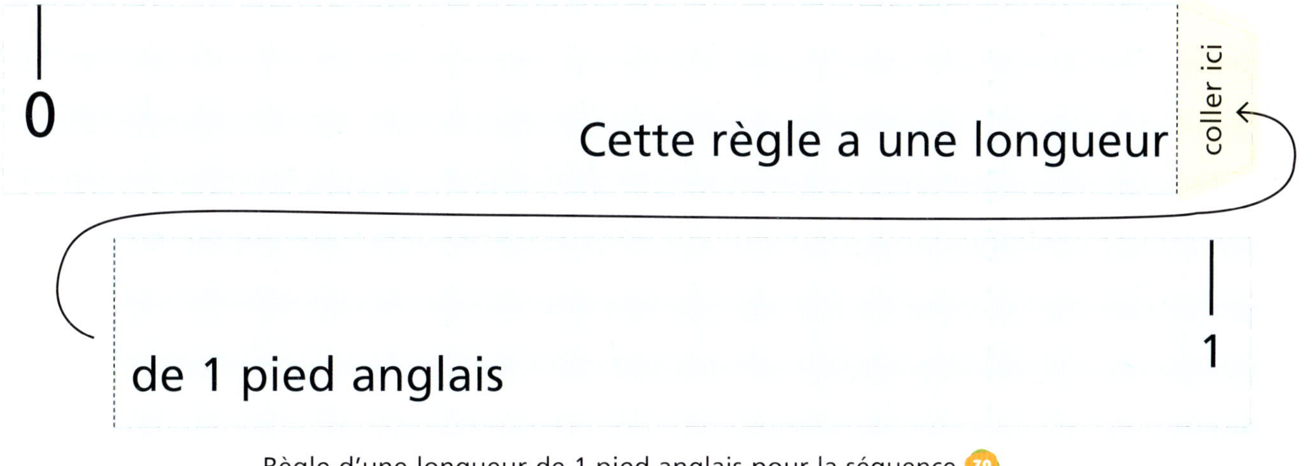

Règle d'une longueur de 1 pied anglais pour la séquence 39.

Matériel pour la séquence 80 : étendue ou aire d'une figure

Séquence 62 Matériel 2

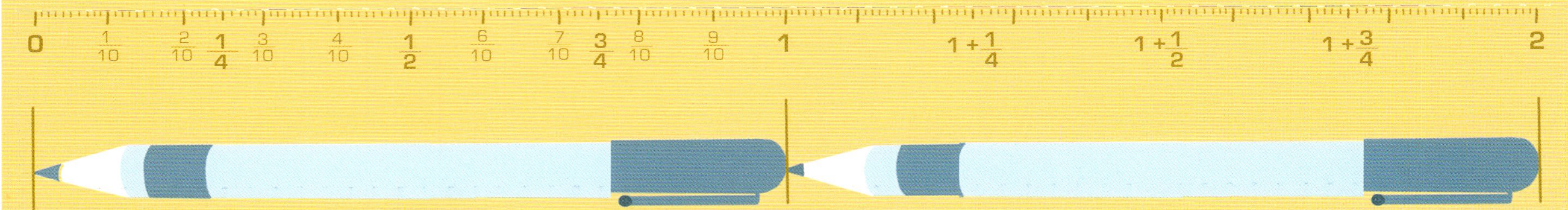

Cette règle est graduée en stylo, $\frac{1}{2}$ stylo, $\frac{1}{4}$ de stylo, $\frac{1}{10}$ de stylo et $\frac{1}{100}$ de stylo.

Règle n° 3

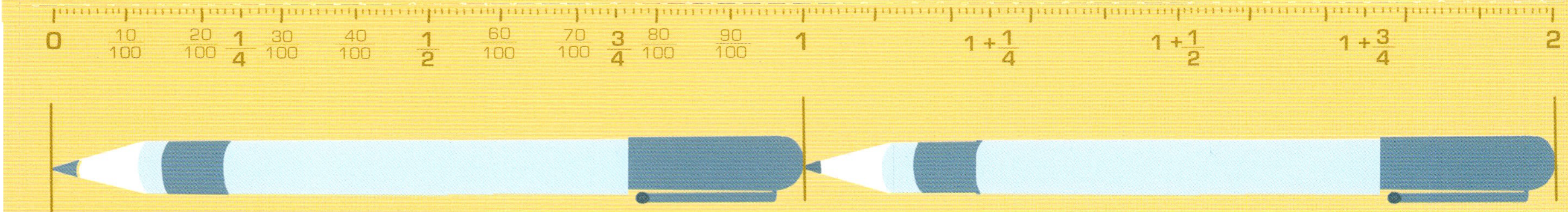

Cette règle est graduée en stylo, $\frac{1}{2}$ stylo, $\frac{1}{4}$ de stylo et $\frac{1}{100}$ de stylo.

Règle n° 2

Cette règle est graduée en stylo, $\frac{1}{2}$ et $\frac{1}{10}$ de stylo.

Règle n° 1

Séquence 62
Matériel 1

Règle 1 sq 76
Règle 2 sq 78
Règle 3 sq 84

55 C Imagine qu'en pliant le long de la droite D, l'encre noire ne soit pas sèche…

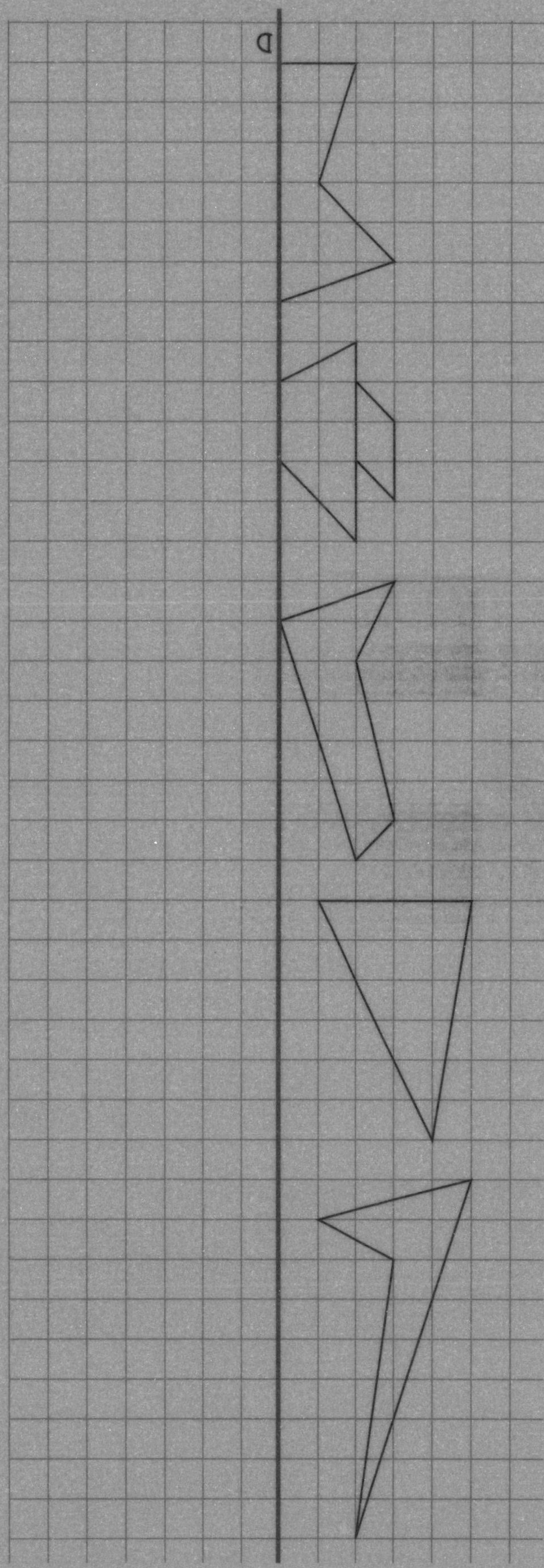

59 B Imagine qu'en pliant le long de la droite D, l'encre noire ne soit pas sèche…

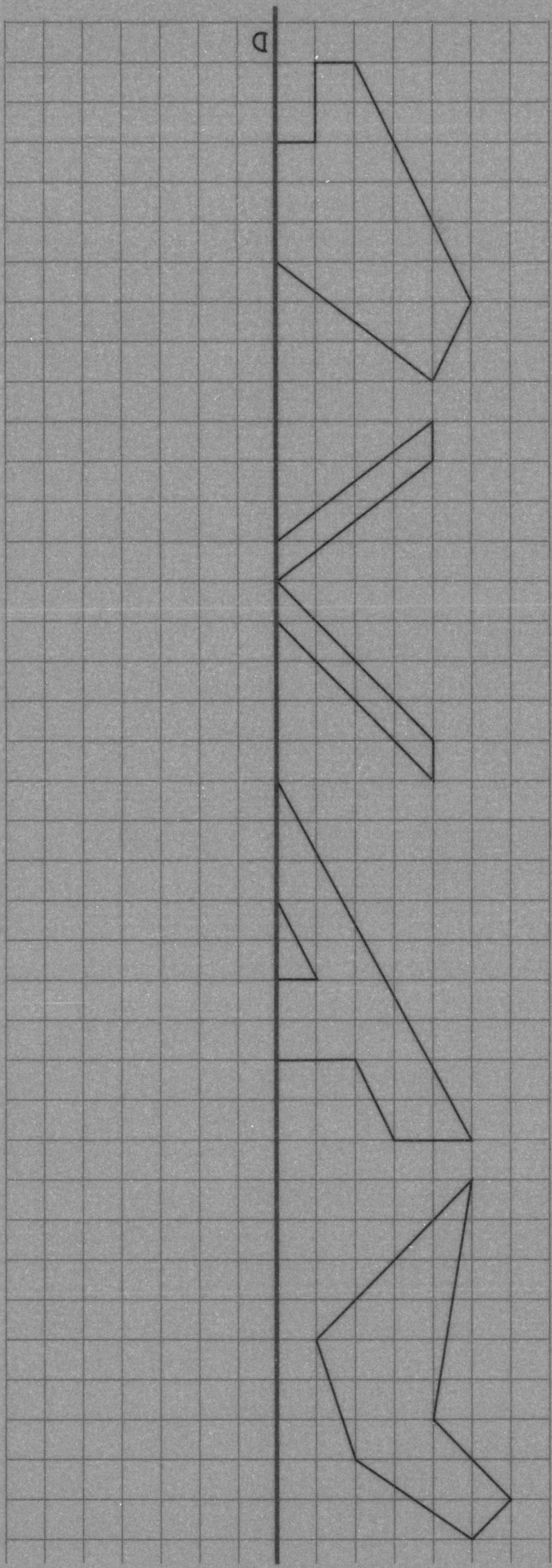

55 **C** Imagine qu'en pliant le long de la droite D, l'encre noire ne soit pas sèche...

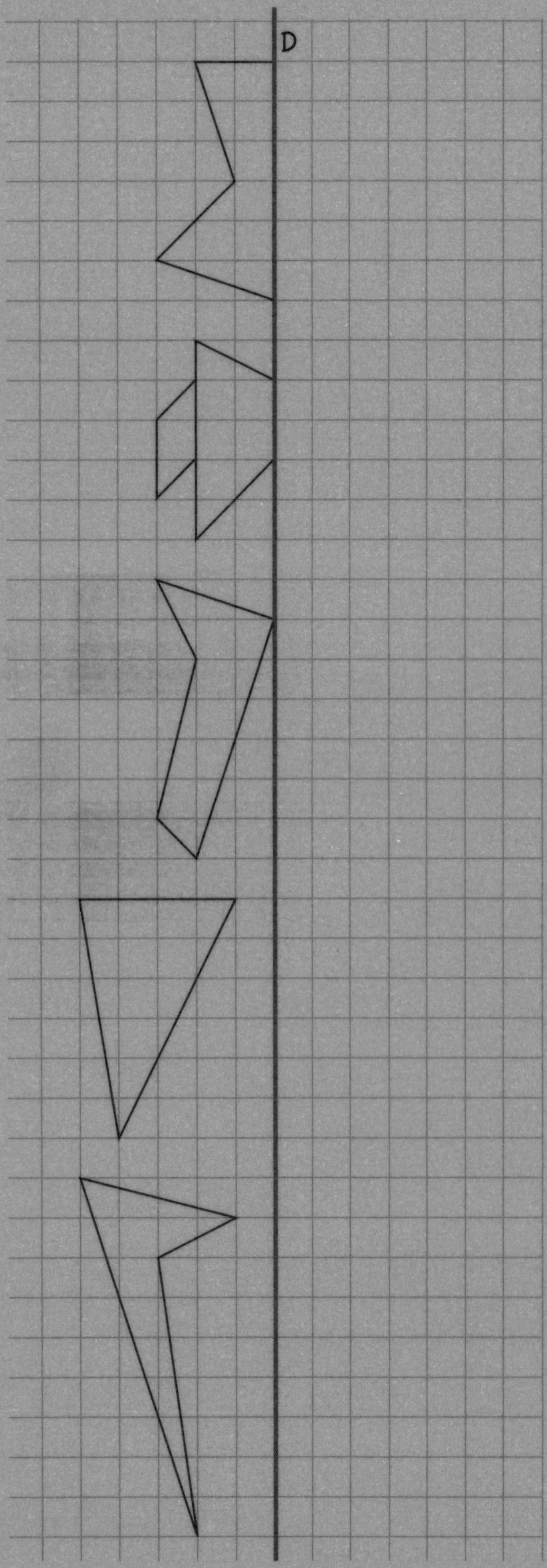

59 **B** Imagine qu'en pliant le long de la droite D, l'encre noire ne soit pas sèche...

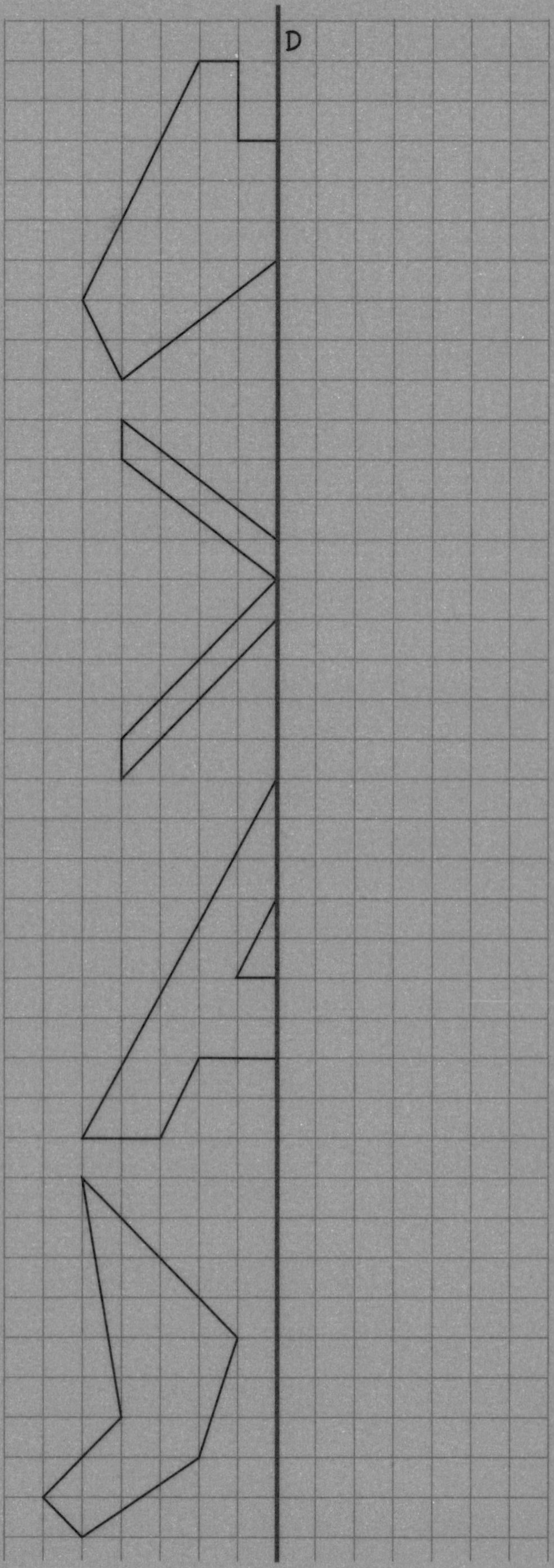

 Je deviens performant

A Fais ces deux divisions comme Monsieur Cubus en dessinant les centaines, les dizaines et les unités.

547 : 4 ?

....

....

a Partage des centaines :

b Partage des dizaines :

c Partage des unités :

d Expression du résultat :

547 : 4 ? q = ... r = ... car ....

972 : 3 ?

....

....

a Partage des centaines :

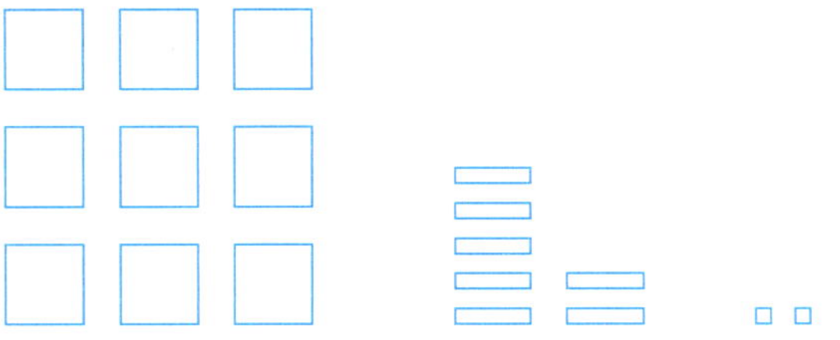

b Partage des dizaines :

c Partage des unités :

d Expression du résultat :

972 : 3 ? q = ... r = ... car ....

50 Calculer sur les grands nombres

Je découvre

1

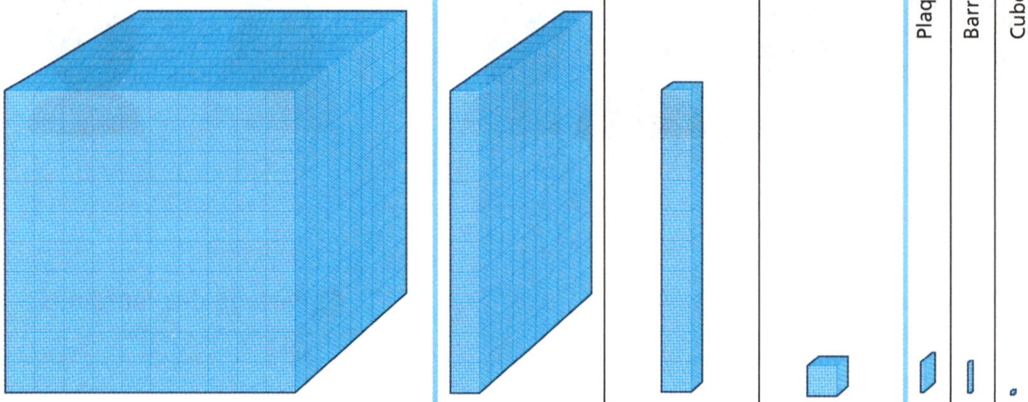

	Gros bloc-million	Grosse plaque centaine de milliers	Grosse barre dizaine de milliers	Bloc-millier	Plaque-centaine	Barre-dizaine	Cube-unité
5 253 648 + 1 plaque-centaine	5	2	5	3	7	4	8
3 901 587 + 1 grosse barre dizaine de milliers							
2 309 764 + 1 bloc-millier							
8 649 999 + 1 cube-unité							
3 964 307 + 1 grosse plaque centaine de milliers							
8 196 530 + 1 grosse barre dizaine de milliers							
2 099 999 + 1 barre-dizaine							
3 999 999 + 1 cube-unité							
4 029 920 + 1 bloc-millier							

50 Je deviens performant

A Fais ces deux divisions comme Monsieur Cubus en dessinant les centaines, les dizaines et les unités.

806 : 4 ?

....

....

a Partage des centaines :

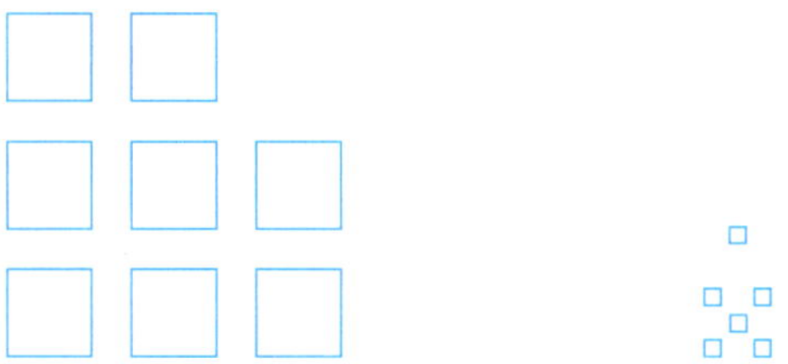

b Partage des dizaines :

c Partage des unités :

d Expression du résultat :

806 : 4 ? q = ... r = ... car ....

1 364 : 3 ?

....

....

a Partage des milliers :

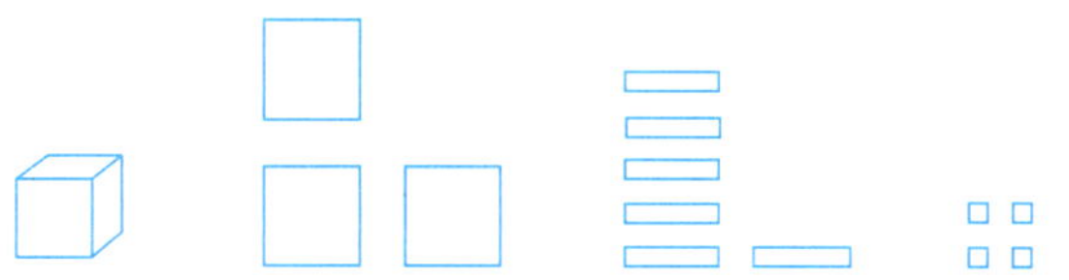

b Partage des centaines :

c Partage des dizaines :

d Partage des unités :

e Expression du résultat :

1 364 : 3 ? q = ... r = ... car ....

54 Je deviens performant

A Mathieu a commencé cette division, continue-la.

2 5 8 5 6 7 8	3

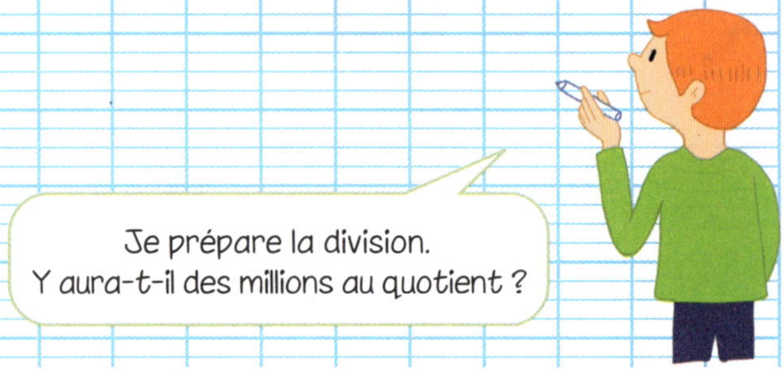

61 « 2 divisé par 3 », c'est aussi « 2 tiers »

Je découvre

1 **Problème :** 3 pizzas sont à partager équitablement entre 4 sœurs : Anne, Betty, Céline et Diane.

Un midi, les 3 pizzas sont sorties du four, les 4 sœurs déjeunent ensemble.

Fais le partage et colorie la part d'Anne.

Un soir, Anne sort une pizza du four et laisse les deux autres à l'intérieur. Elle va manger avant ses sœurs, car elle doit aller à un match de handball.

Représente et colorie la part d'Anne dans la pizza qu'elle a sortie, ***sans toucher aux deux autres.***

Pour représenter la part de pizza correspondant à $\frac{3}{4}$, je peux :

– soit prendre 3 pizzas, puis ....
....
....

– soit prendre 1 seule pizza, puis ....
....
....

61 Je deviens performant

Mathieu a commencé à tracer ce triangle avec les gabarits d'angles du cahier d'activités.

Mais il a commencé trop à droite…Il a recommencé plus à gauche (en bas) en plaçant le point A.

Termine cette construction.

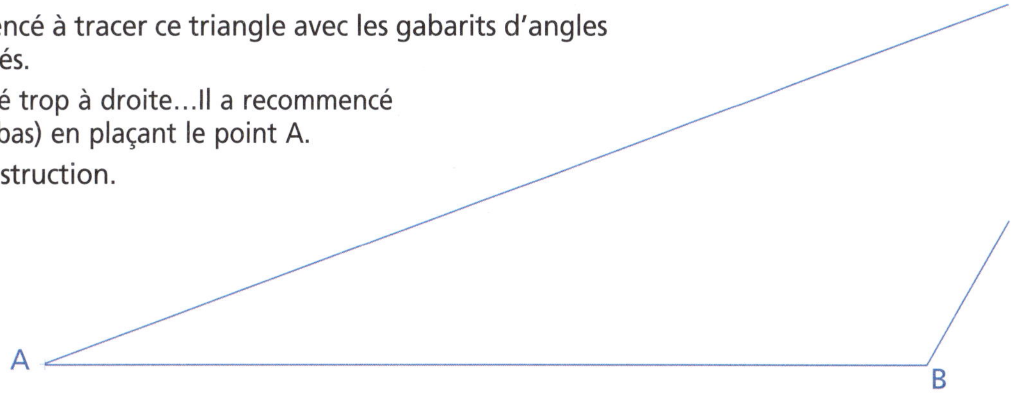

A +

63 Les demi-droites graduées

Je découvre

Tu vas apprendre à repérer des nombres sur des demi-droites graduées.

1 La demi-droite graduée ci-dessous représente les distances auxquelles de jeunes athlètes ont lancé le javelot.

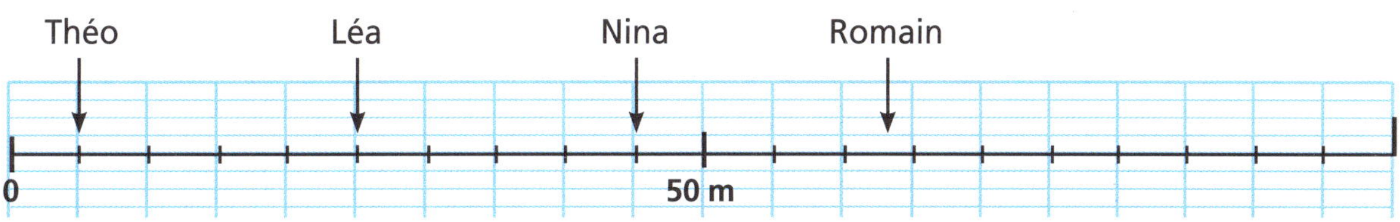

a. À quelle distance Théo, Léa et Nina ont-ils lancé le javelot ? (Le jet de Romain sera vu après.)

Théo ………… Léa ………… Nina …………

b. Mathieu affirme que la flèche qui représente le lancer de Romain indique 61 m. Il a tort. Explique pourquoi. Montre où sont 61 m et 64 m.

c. Place approximativement les lancers suivants. Claire : **36 m** Kamel : **74 m**

d. *Quels nombres représentent les points sur la ligne ci-dessous ?* A : ...... B : ...... C : ......

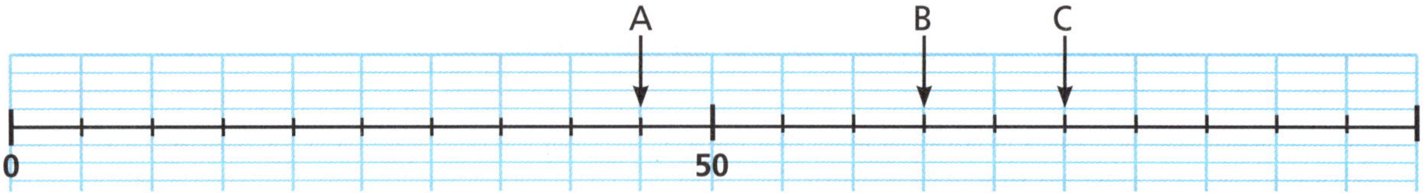

e. Place précisément ces nombres. **D : 25 E : 95** Place approximativement ceux-ci. **F : 41 G : 8**

2 a. *Quel est le nombre d'élèves des collèges A, B et C, représentés ci-dessous ?*

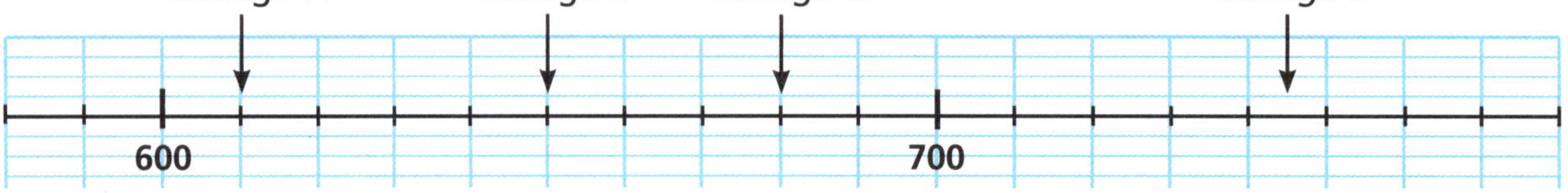

Collège A .... Collège B .... Collège C ....

b. Mathilde affirme que la flèche pour le collège D indique 741 élèves. Elle a tort. Explique pourquoi. Montre où sont 741 élèves, 749 élèves et 751 élèves.

c. Place approximativement ces deux collèges. Collège **E : 716 élèves** Collège **F : 732 élèves**

d. *Quels nombres représentent les points sur la demi-droite ci-dessous ?* G : ...... H : ...... J : ......

e. Place précisément **K : 960 et L : 1 030**. Place approximativement **M : 1 054 et N : 909**.

70 Comparer des fractions inférieures à l'unité (2)

Je découvre

1 Pour comparer $\frac{3}{4}$ et $\frac{68}{100}$, Mathilde imagine ces fractions sur deux quadrillages.
Vérifie les deux quadrillages et complète.

$\frac{3}{4}$ ... $\frac{68}{100}$

En t'aidant des deux quadrillages, compare les fractions ci-dessous.

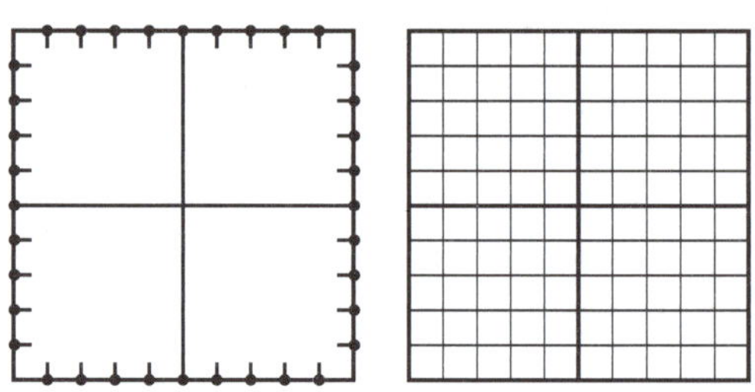

$\frac{1}{4}$ ... $\frac{15}{100}$

$\frac{3}{4}$ ... $\frac{81}{100}$

$\frac{1}{4}$ ... $\frac{32}{100}$

$\frac{3}{4}$ ... $\frac{50}{100}$

75 Somme de fractions décimales : demi et dixième (1)

Je découvre

1 a. Nicolas a sorti une tablette de chocolat.
Vérifie qu'elle est fractionnée en dixièmes.
Il va manger $\frac{4}{10}$ de tablette puis $\frac{3}{10}$.

Colorie la partie correspondante.
Termine le calcul.

$\frac{4}{10} + \frac{3}{10} =$ …………

b. Nicolas sort une autre tablette.
Il va manger d'abord $\frac{3}{10}$ de tablette puis $\frac{2}{10}$.

Colorie ce qu'il mange en tout.
Termine le calcul.
Exprime cette fraction d'une autre façon.

$\frac{3}{10} + \frac{2}{10} =$ …………

$\frac{3}{10} + \frac{2}{10} =$ …………

c. Nicolas sort une autre tablette.
Il va manger d'abord $\frac{1}{2}$ tablette puis $\frac{3}{10}$.

Calcule ce qu'il mangera en tout puis colorie.

$\frac{1}{2} + \frac{3}{10} = \frac{\dots}{10} + \frac{\dots}{10}$

$\frac{1}{2} + \frac{3}{10} =$ …………

d. Nicolas sort une autre tablette.
Il va manger d'abord $\frac{4}{10}$ de tablette puis $\frac{1}{2}$.

Calcule ce qu'il mangera en tout puis colorie.

$\frac{4}{10} + \frac{1}{2} =$ ……………………………………

$\frac{4}{10} + \frac{1}{2} =$ ……………………………………

e. Nicolas sort deux tablettes de chocolat.
Il va manger d'abord $\frac{1}{2}$ tablette puis $\frac{6}{10}$.

Calcule ce qu'il mangera en tout puis colorie.

$\frac{1}{2} + \frac{6}{10} =$ ……………………………………

$\frac{1}{2} + \frac{6}{10} =$ ……………………………………

f. Nicolas sort deux tablettes de chocolat.
Il va manger d'abord $\frac{8}{10}$ de tablette puis $\frac{1}{2}$.

Calcule ce qu'il mangera en tout puis colorie.

— + — = ……………………………………

— + — = ……………………………………

77 Somme de fractions décimales : 1/2, *n*/4 et *n*/100 (1)

Je découvre

1 a. Nicolas a sorti une tablette de chocolat.
Vérifie qu'elle est fractionnée en centièmes.
Il va manger $\frac{35}{100}$ de tablette puis $\frac{8}{100}$.
Colorie la partie correspondante.

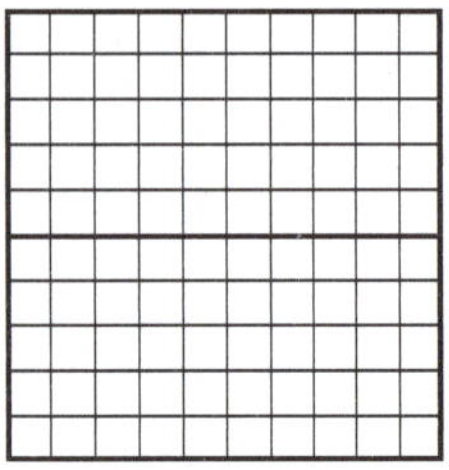

b. Nicolas sort une autre tablette.
Il va manger d'abord $\frac{1}{2}$ tablette puis $\frac{32}{100}$.
Colorie ce qu'il mange en tout.
Termine le calcul.

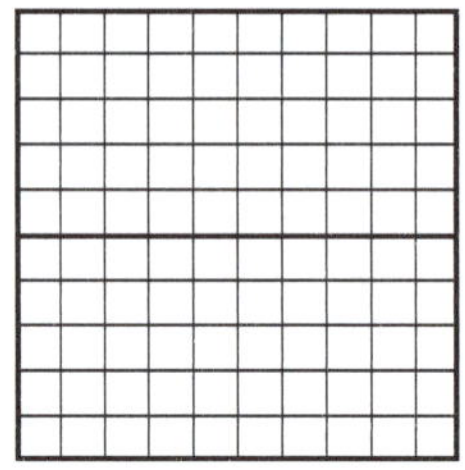

$\frac{1}{2} + \frac{32}{100} = \frac{...}{100} + \frac{...}{100}$

$\frac{1}{2} + \frac{32}{100} = \frac{...}{100}$

c. Nicolas sort deux tablettes de chocolat.
Il va manger d'abord $\frac{1}{2}$ tablette puis $\frac{63}{100}$.
Calcule ce qu'il mangera en tout, puis colorie.

$\frac{1}{2} + \frac{63}{100} =$ ....

$\frac{1}{2} + \frac{63}{100} =$ ....

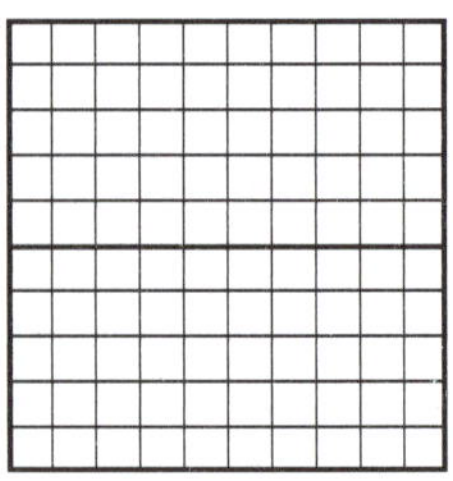

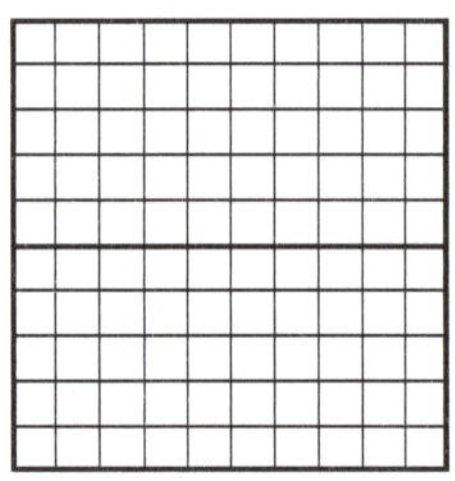

d. Nicolas sort deux nouvelles tablettes.
Il va manger d'abord $\frac{3}{4}$ de tablette puis $\frac{29}{100}$.
Calcule ce qu'il mangera en tout, puis colorie.

$\frac{3}{4} + \frac{29}{100} =$ ....

$\frac{3}{4} + \frac{29}{100} =$ ....

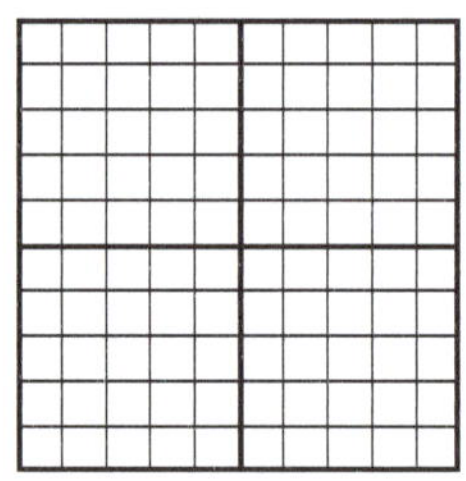

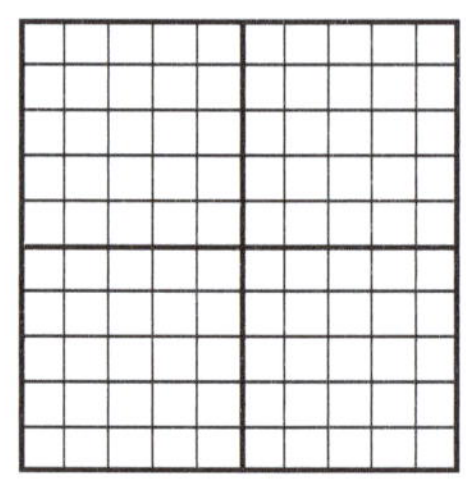

e. Voici l'image en réduction d'un verre doseur qui peut contenir 1 litre de liquide. Vérifie qu'il est gradué en centièmes.

- Imagine que l'on verse $\frac{1}{2}$ litre de liquide.
  Où est le niveau du liquide ? Écris cette fraction sur le verre.
- Imagine que l'on verse $\frac{1}{100}$ de litre de liquide.
  Montre avec ton doigt où est le niveau du liquide.
- Même consigne :
  avec $\frac{9}{100}$, $\frac{12}{100}$, $\frac{20}{100}$;
  avec $\frac{25}{100}$ (écris une autre fraction en face de cette graduation) ;
  avec $\frac{39}{100}$, $\frac{41}{100}$, $\frac{50}{100}$, $\frac{60}{100}$, $\frac{70}{100}$;
  avec $\frac{75}{100}$ (écris une autre fraction en face de cette graduation) ;
  avec $\frac{81}{100}$, $\frac{98}{100}$, $\frac{100}{100}$.

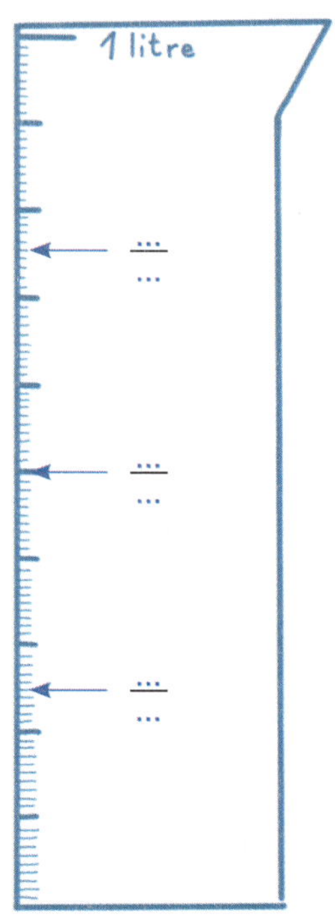

80 Je deviens performant

A a. Prends ta règle graduée en stylos n° 2 et trace les segments qui ont les longueurs suivantes :

[AB] = $\frac{51}{100}$ de stylo

A ⊢—

[CD] = $\frac{76}{100}$ de stylo

C ⊢—

[EF] = $\frac{125}{100}$ de stylo

E ⊢—

[GH] = 1 + $\frac{31}{100}$ de stylo

G ⊢—

b. Trace sur ton cahier [JK], long de $\frac{150}{100}$ de stylo.

83 Somme de fractions décimales : 1/2, *n*/4, *n*/10, *n*/100 (1)

Je découvre

1 a. Nicolas a sorti une tablette de chocolat.
Il va manger $\frac{4}{10}$ de tablette puis $\frac{3}{100}$.

Colorie la partie correspondante.
Termine le calcul.

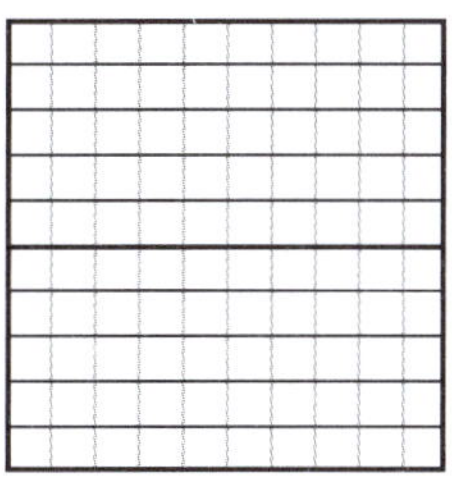

$\frac{4}{10} + \frac{3}{100} = \frac{...}{100} + \frac{...}{100}$

$\frac{4}{10} + \frac{3}{100} = \frac{...}{100}$

b. Nicolas sort une autre tablette.
Il va manger d'abord $\frac{6}{10}$ de tablette puis $\frac{37}{100}$.

Colorie ce qu'il mange en tout.
Termine le calcul.

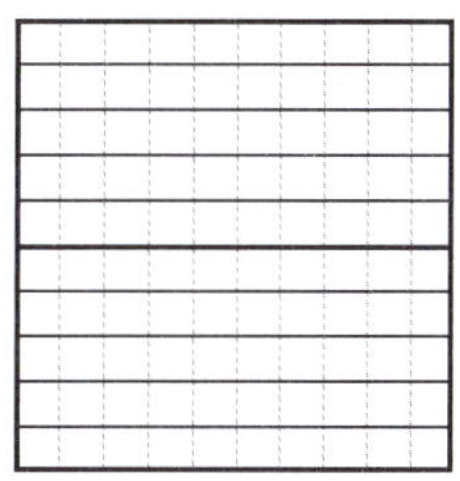

$\frac{6}{10} + \frac{37}{100} =$ ....

$\frac{6}{10} + \frac{37}{100} =$ ....

c. Nicolas sort deux tablettes de chocolat.
Il va manger d'abord $\frac{7}{10}$ de tablette puis $\frac{54}{100}$.

Calcule ce qu'il mangera en tout, puis colorie.

$\frac{7}{10} + \frac{54}{100} =$ ....

$\frac{7}{10} + \frac{54}{100} =$ ....

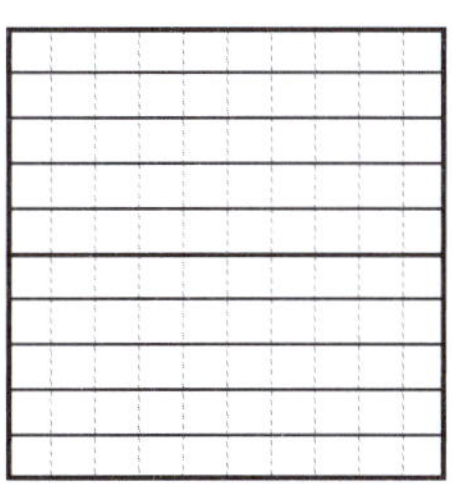

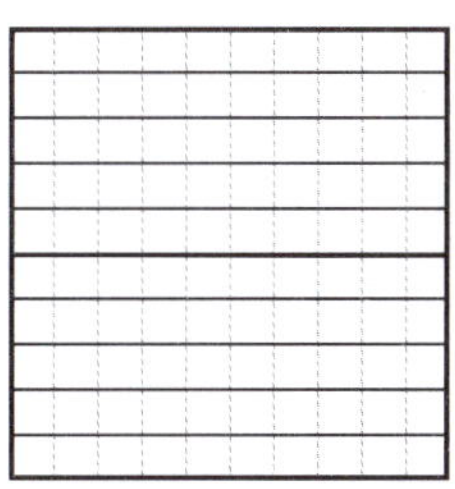

d. Nicolas sort deux nouvelles tablettes.
Il va manger d'abord $\frac{9}{10}$ de tablette puis $\frac{14}{100}$.

Calcule ce qu'il mangera en tout, puis colorie.

$\frac{9}{10} + \frac{14}{100} =$ ....

$\frac{9}{10} + \frac{14}{100} =$ ....

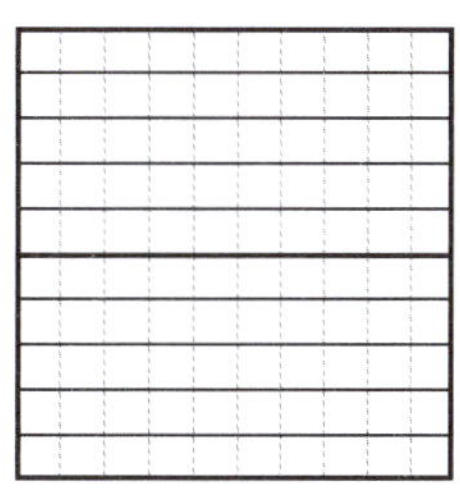

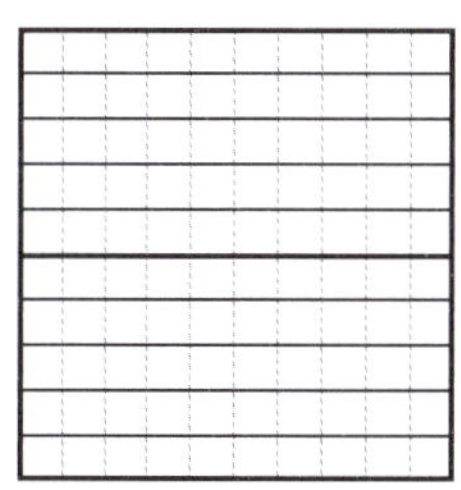

84 Somme de fractions décimales : 1/2, *n*/4, *n*/10, *n*/100 (2)

Je découvre

2 a. Prends ta règle graduée en stylos n° 3 et trace les segments qui ont les longueurs suivantes :

[AB] = $\frac{60}{100}$ de stylo

A ⊢—

[CD] = 1 + $\frac{20}{100}$ de stylo

C ⊢—

[EF] = 1 + $\frac{30}{100}$ de stylo

E ⊢—

b. Sur ton cahier, trace [GH], long de $\frac{160}{100}$ de stylo.

88 89 Mesures d'aires : le cm²

Je découvre

1 a. *Quel est le rectangle le plus étendu, A ou B ?* Ton pari : …
On a commencé à chercher combien ils contiennent de petits carrés de 1 cm de côté. Continue ce travail.

Rectangle A

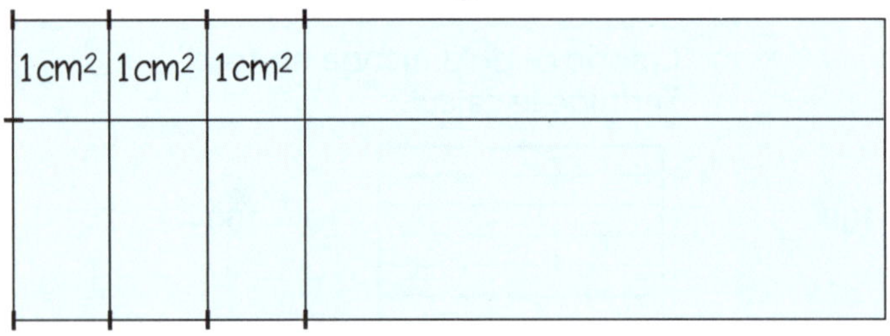

Rectangle B

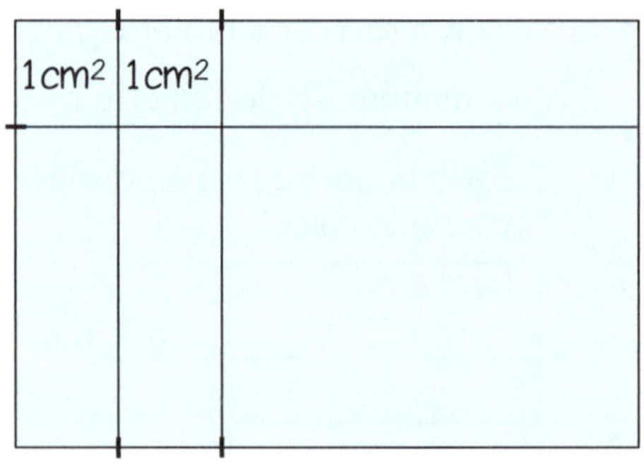

Étendue du rectangle A : ....

Étendue du rectangle B : ....

Le rectangle le plus étendu est ....

b. Même activité. Ton pari : …

Rectangle C

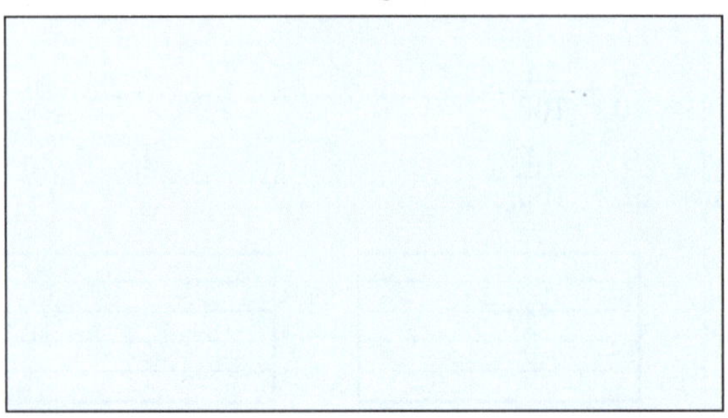

Rectangle D

Étendue du rectangle C : ....

Étendue du rectangle D : ....

Le rectangle le plus étendu est ....

c. *Quelle est la figure la plus étendue ?* Ton pari : …

Pentagone E

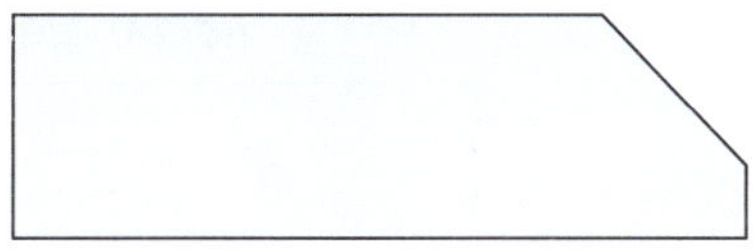

Rectangle F

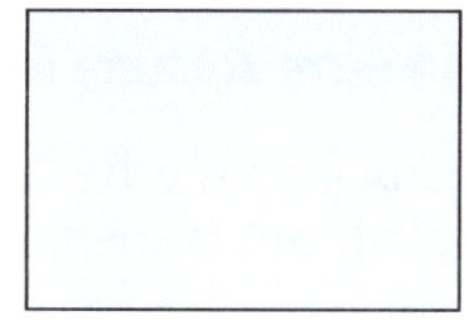

Étendue du pentagone E : ……………………

Étendue du rectangle F : ……………

La figure la plus étendue est ……………………………………………………………………………………

d. *Quel est le trapèze le plus étendu ?* Ton pari : …
Tu peux t'appuyer sur les pointillés pour préparer tes tracés comme on a commencé à le faire sur le trapèze G.

Trapèze G

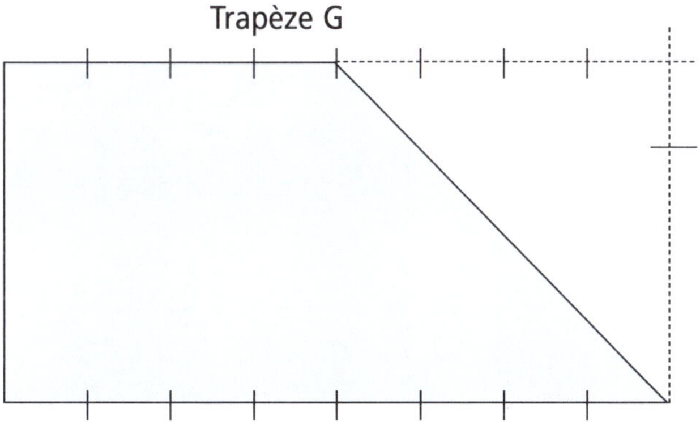

Trapèze H

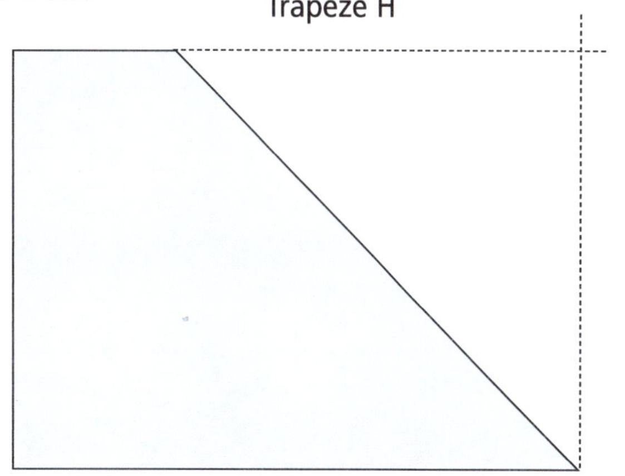

Étendue du trapèze G : ……………………

Étendue du trapèze H : ……………

Le trapèze le plus étendu est ……………………………………………………………………………………

90 Je deviens performant

D a. Prends ta règle graduée en stylos n° 3 et trace les segments qui ont les longueurs suivantes :

[AB] = $\frac{80}{100}$ de stylo

A ⊢

[CD] = $1 + \frac{30}{100}$ de stylo

C ⊢

[EF] = $1 + \frac{2}{10} + \frac{5}{100}$ de stylo

E ⊢

b. Exprime cette dernière mesure de différentes façons :

$1 + \frac{2}{10} + \frac{5}{100} = 1 + \frac{\dots}{100}$ $\quad 1 + \frac{2}{10} + \frac{5}{100} = \frac{\dots}{100}$ $\quad 1 + \frac{2}{10} + \frac{5}{100} = 1 + \frac{\dots}{4}$ $\quad 1 + \frac{2}{10} + \frac{5}{100} = \frac{\dots}{4}$

c. Sur ton cahier, trace [IJ], long de $\frac{175}{100}$ de stylo.

97 Mesures d'aires : le dm²

Je découvre

2 a. Vérifie que le carré A a une étendue de 1 dm².

b. Vérifie de deux façons différentes que le carré A et le rectangle B ont la même étendue :

- En utilisant un des carrés que tu as découpés.
- En faisant apparaitre les cm² dans chacune des figures.

Carré A

Étendue du carré A : .... cm²

Étendue du rectangle B : .... cm²

Rectangle B

c. Quelles sont la longueur et la largeur du rectangle B ?

Longueur du rectangle B ....

Largeur du rectangle B ....

d. Prends un des autres carrés que tu as fabriqués et découpe-le pour former une nouvelle figure qui a la même étendue que le carré A et le rectangle B.

e. Avec les deux autres carrés, forme deux nouvelles figures...

 ISBN : 978-2-7256-3524-8
Conception et mise en page : Anne-Danielle Naname – Illustrations : Sébastien Chebret
N° de projet : 10229362
Achevé d'imprimer en Espagne en janvier 2017 sur les presses de Macrolibros.